圖解區塊鏈 的工作原理與機制

絵で見てわかるブロックチェーンの仕組み

(E de mite wakaru Blockchain no Shikumi : 5886-0)

© 2020 Takeshi Yonezu

Original Japanese edition published by SHOEISHA Co., Ltd.

Traditional Chinese Character translation rights arranged with SHOEISHA Co., Ltd. through JAPAN UNI AGENCY, INC.

Traditional Chinese Character translation copyright © 2022 by GOTOP INFORMATION INC.

序言

本書設定的讀者群主要是工程師，特別是那些想要了解「什麼是區塊鏈」的人。本書概述了區塊鏈的機制、構造，以及未來的發展前景。

近年來，人們對區塊鏈及廣義的分散式帳本技術（DLT）越來越感興趣，而其根本來自於虛擬貨幣（撰寫本書時，日本的正式名稱為「加密資產」）中知名的「比特幣」。回顧 2017 年，這一年被稱作「虛擬貨幣元年」，出現用比特幣等虛擬貨幣建構巨額資產的人。而「億萬投資客」意指用虛擬貨幣交易累積 1 億日圓以上資產的投資客，這個稱呼想必仍讓人記憶猶新吧？

以往提到「區塊鏈」和「虛擬貨幣」，往往較強調投資面，其實這種技術有許多卓越之處，如「輸入分散式帳本的資料無法竄改」、「分散式帳本的資料可容易分享」。本書將從技術層面簡潔地解說區塊鏈的架構，並附上豐富的圖解說明。

本書主要內容如下：

- 第 1～3 章：縱觀整體區塊鏈
- 第 4～6 章：區塊鏈內部的構造
- 第 7～9 章：從智慧合約開始，說明區塊鏈的程式與實際運用的範例
- 第 10 章：作為將區塊鏈應用在商務方面的例子，列舉 Hyperledger Project（超級帳本專案），與旗下的 Hyperledger Fabric 和 Hyperledger Iroha
- 第 11 章：談及區塊鏈未來的展望，特別是以跨帳本協定的形式連結不同的區塊鏈的世界，以及未來的 Trusted Internet 和日本中央銀行數位貨幣（CBDC）

尤其關於第 11 章提到的「中央銀行數位貨幣」，在本書截稿之際，日本銀行在 2020 年 10 月 9 日發表重大新聞。另外，根據新聞報導，柬埔寨中央銀行與日本創投企業 SORAMITSU 株式會社協力開發的柬埔寨中央銀行數位貨幣「巴孔幣」，已於 2019 年 7 月測試結束，已於 2020 年 10 月 28 日正式開始運用。

如前所述，區塊鏈的環境每日都有所變動。區塊鏈和分散式帳本技術為許多人的生活帶來進步、豐富生活的日子或許即將來臨。

最後，在撰寫本書時，責任編輯山本先生不離不棄地耐心陪伴我到最後一刻，本書才得以順利出版。我由衷感激能夠得到這個機會。

希望本書能夠加深讀者對於區塊鏈及分散式帳本技術的知識，我們深信區塊鏈在未來就像今時今日的網路一樣，會成為日常生活不可或缺的一部分。

2020 年 11 月 作者

目錄

Column

第 1 章

區塊鏈的摘要

近幾年，媒體越來越常報導虛擬貨幣與區塊鏈的話題。

說到虛擬貨幣，每天在媒體版面上都有各種不同的報導。比如在 2017 年年底，1BTC（比特幣的貨幣單位）相當於 200 萬日圓。2018 年，虛擬貨幣 NEM（新經幣）因攻擊者的違法匯款行為，損失相當於 500 億日圓的幣值。

如圖 1.1 所示，現在市場上流通各種不同的虛擬貨幣，各位或許也看過其中幾種。

圖 1.1　各種不同的虛擬貨幣

一般而言，用在**比特幣**這類虛擬貨幣或其後開發的**以太坊**技術，總稱為**區塊鏈**。本書的內容將以區塊鏈所使用的技術層面為中心，循序漸進地說明。

1.1.1　區塊鏈的技術

比特幣於 2009 年 1 月問世，作為全球第一個公開發行的貨幣，問世至今不過十多年。

比特幣運用了許多現有的技術，如 P2P 網路和密碼，但也有相當新穎的「記錄交易紀錄的方法」，那就是**區塊鏈**技術。原本這種方法是用於虛擬貨幣（比特幣）的技術，由於這項技術本身具有許多特性，被認為不該僅限於用在虛擬貨幣，而應該用在更廣泛的地方，在那之後被稱作「區塊鏈」。

另外，**區塊鏈 1.0** 指比特幣作為虛擬貨幣而用的技術；**區塊鏈 2.0** 指其後不只用於虛擬貨幣，而記錄金融相關交易的技術；而**區塊鏈 3.0** 指作為**資產**（有價值的東西）記錄帳本的方式，廣泛運用在製造、醫療、註冊、資產管理上的技術（圖 1.2）。

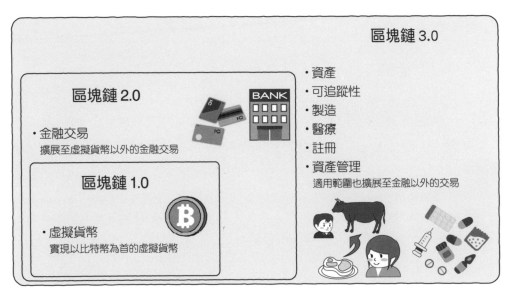

圖 1.2　區塊鏈 1.0、2.0、3.0 的比較

區塊鏈的特性

區塊鏈與過去金融領域上常用的集中式管理系統不同,具有以下特性(圖 1.3)。

① 非常難以竄改資料
② 由於以多個節點分享資料而具有冗餘,高強度承受系統異常
③ 能夠低成本架設系統

	過去的系統	區塊鏈
竄改資料	容易刪除資料、修改	非常難竄改資料
對於異常	需要擬定冗餘等異常的對策	對系統異常強大
架設費用	昂貴	便宜
管理體制	中心化	去中心化形式

圖 1.3　區塊鏈的特性

DLT(分散式帳本技術)

從區塊鏈延伸而出的概念,就是 **DLT**(Distributed Ledger Techno-logy:**分散式帳本技術**)。

DLT 指多位參加者在分散式系統上共同持有同一本帳簿、帳冊的技術,藉由許多參加者共享同一個訊息,以防止竄改和來自外部的攻擊(圖 1.4)。而其中,帳本資料「區塊連結而成(鏈)」的構造就稱為區塊鏈。

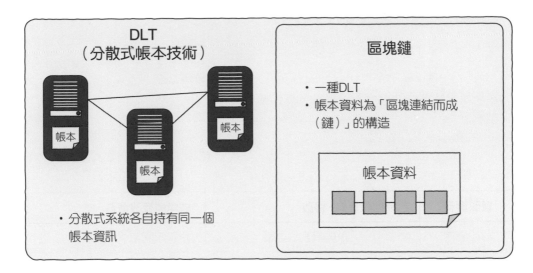

圖 1.4　DLT 與區塊鏈

意即在 DLT 中，也考量資訊以區塊的形式成為鏈的情況，「雖然區塊鏈包含 DLT，相對的 DLT 含有區塊鏈以外的東西」，也就是包含關係（圖 1.5）。說到「非區塊鏈的 DLT」的例子，可提到 SBI R3 Japan 開發的 Croda。這是為了適用金融體系，而引入只有交易的當事人能夠查閱資料的機制，非區塊鏈的系統程式。

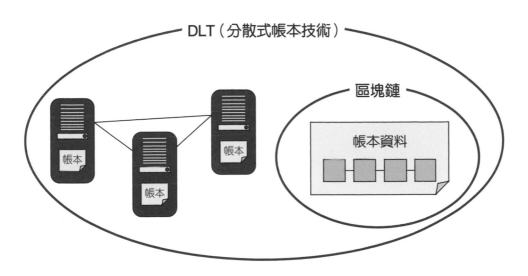

圖 1.5　DLT 與區塊鏈的關係

「區塊」「鏈」的意思

那麼,「區塊」和「鏈」又是指什麼呢?

雖然在之後的章節才會進行詳細的說明,我們先來看圖 1.6,建立基本的概念。首先,按照順序將交易紀錄等資料,打包存放在一定的資料結構當中(❶)。這種資料結構就是**區塊**。同時,區塊有母子關係,區塊中必含有前一個區塊的資訊(雜湊值等),能夠追溯至母區塊(❷)。由於以雜湊值的順序連接母區塊的母區塊,以及前一個母區塊,因此稱作**鏈**。若打算製作新的區塊(**挖礦**)時,就會連接到鏈的最後一處(❸)。

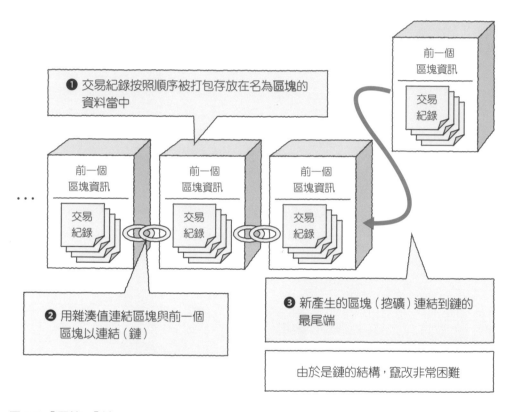

圖 1.6 「區塊」「鏈」

在這種架構之下，如果過去的資料被竄改了，由於竄改區塊的雜湊值改變，無法回溯至母區塊，因此就能夠被檢測出來。

現在還不瞭解「雜湊值」、區塊的結構和第一個區塊（創世區塊）等概念沒關係，之後的章節將會仔細說明。

與傳統金融系統的比較

接著從交易紀錄信任程度的觀點，比較傳統金融系統與區塊鏈。

如圖 1.7 左圖所示，傳統的系統是由第三方機構（圖中「X」）管理交易紀錄，以中心化的形式保證信用程度。

另一方面，如圖 1.7 右方所示，區塊鏈是由全員共同持有全部的交易紀錄，以去中心化的形式保證信任。接著，以多數決的方式許可「正確的資料」（**形成共識**）。不過仍有「51％問題」存在，待後續說明。

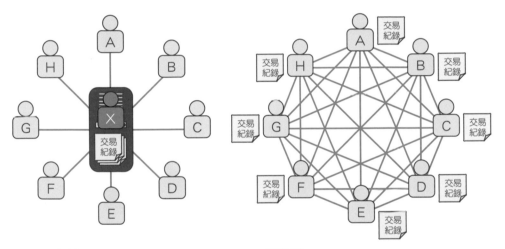

・傳統：
第三方機構管理交易紀錄，
保證信用程度

・區塊鏈：
全體人員共同持有全部的交易紀錄，
保證信任程度

※出處：平成 27 年（2015 年）日本經濟社會的資訊化暨服務化之相關基礎建設
（關於運用區塊鏈技術服務的國內外動向調查）
基於報告摘要資料（平成 28 年（2016 年）4 月 28 日）撰寫
https://www.meti.go.jp/main/infographic/pdf/block_c.pdf

圖 1.7　傳統的系統與區塊鏈的比較

區塊鏈的定義

講到這裡，我們來看一下「區塊鏈」這個名詞的定義。

2016 年 10 月 3 日，JBA（日本區塊鏈協會）發表下述內容，標題是「公開『區塊鏈的定義』」（https://jba-web.jp/news/642）。

1）「用含有拜占庭異常在內的不特定多數節點，隨著時間經過，屆時共識覆蓋的概率匯合成 0 的協定或程式就是區塊鏈。」

2）「使用電子簽名與雜湊指標，擁有容易找出竄改的資料結構，且保有該資料分散於網路上的多數節點，實現高度可用性及資料識別性的技術，就是廣義的區塊鏈。」

上述定義的 1），為一般「狹義的區塊鏈」，主要是以比特幣為原型。另一方面，2）是基於制定當時的現況，也包含其他程式的功能，掌握這些特性而定義的內容（圖 1.8）。本書的「區塊鏈」，不僅限於比特幣，而是包含「現在正在進行開發的功能」的「廣義的區塊鏈」。

- 使用含拜占庭式異常之不特定多數
  的節點

狹義的區塊鏈

- 隨著時間經過，屆時的共識覆蓋的
  概率匯合成 0 狹義的區塊鏈

- 使用電子簽名與雜湊指標

- 具有容易檢測出竄改的資料結構

廣義的區塊鏈

- 將資料分散在網路上的多個節點，
  實現高度可用性及資料識別性廣義
  的區塊鏈

圖 1.8　狹義的區塊鏈與廣義的區塊鏈定義

1.2 ┃ 虛擬貨幣與區塊鏈

1.2.1 「虛擬貨幣」的名稱

2009 年，第一個**虛擬貨幣**比特幣在世界上出現了。在這之後，在日本主要稱之為「虛擬貨幣（仮想通貨）」，而在歐美稱作「Crypto Currency」，直譯為**「加密貨幣」**。這種名稱源自於虛擬貨幣的特性應用了**加密技術**，即「保證交易的安全，無法否認交易」。只不過日本社會不太喜歡「加密」這個詞的涵義，因此通稱「虛擬貨幣」。

Column

否認交易

意指否認交易發生的事實。交易之後，其實並沒有支付本應支付他人的金錢，或沒有收到本應獲得的金錢。

2018 年年底，金融廳提出「虛擬貨幣交易業種之相關研究會報告書」[※]，如下述引用的內容，提倡將「虛擬貨幣」的名稱變更成**「加密資產」**。

> 7.「虛擬貨幣」的名稱變更為「加密資產」
> 　在虛擬貨幣交易業種引入規範時，基於以下理由，資金結算法上採用「虛擬貨幣」的名稱。
>
> ・FATF 和各外國法令等「virtual currency」的日譯。
> ・在日本國內，一般廣泛使用「虛擬貨幣」的名稱。
>
> 另一方面，最近在國際會議中，越來越常用到「crypto-asset（加密資產）」的表述。同時，在現行的資金結算法中，對於虛擬貨幣交易業者，雖為避免與法定貨幣的誤會，而規範對顧客的說明義務，然而亦有意見指出，「虛擬貨幣」的名稱容易產生誤解。
>
> 基於這種國際動向等因素，法令上將「虛擬貨幣」的名稱變更為「加密資產」。

※ https://www.fsa.go.jp/news/30/singi/20181221-1.pdf

內閣會議於 2019 年 3 月 15 日正式決議此內容，執筆時現在的正式名稱為「加密資產」。不過，相較於「加密資產」，一般大眾更常使用「虛擬貨幣」這個名稱，因此本書也是使用這個名稱。

1.2.2　貨幣與法定貨幣

接著，簡單地講解「貨幣」的意思。

所有貨幣中，「日圓」、「美元」、「歐元」這類各國所用的貨幣，稱作**法定貨幣**。這是法律上的概念，原本指「支付法定貨幣時，無權拒收」，即貨幣具有**強制的通用力**。

在日本，中央銀行即日本銀行基於日本銀行法而發行，在日本境內流通的紙幣「一萬圓券」、「五千圓券」、「兩千圓券」、「一千圓券」，這些紙幣通稱**日本銀行券**（簡稱：日銀券）（圖 1.9）。

- 現在發行的四種紙幣（一萬日圓，五千日圓，一千日圓，兩千日圓）
- 過去發行的紙幣

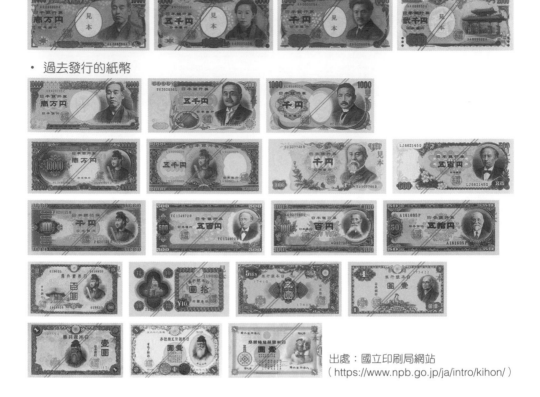

出處：國立印刷局網站
（https://www.npb.go.jp/ja/intro/kihon/）

圖 1.9　現在通用的日本銀行券一覽

輔助貨幣（硬幣）

硬幣（500 日圓，100 日圓，50 日圓，10 日圓，5 日圓，1 日圓硬幣）稱為**輔助貨幣**。法定貨幣分為**無限制法定貨幣**，即金額、用途不受限，具有通用力；和有限制的**法定貨幣**，即用途有限制。不同之處在於，日本銀行券為無限制法定貨幣，而輔助貨幣為限制法定貨幣，而輔助貨幣的規定為「可通用的金額額度是面額 20 倍為止」。因此，若購物時拿出許多零錢付款，比如用 20 枚 1 圓硬幣付款，店鋪可以拒收（每間店的作法不同）。

可兌換紙幣與不可兌換紙幣

紙幣分成作為**可兌換銀行券**（兌換券）的本位貨幣、保證兌換的銀行券，與不可兌換銀行券（圖 1.10）。日本在 1932 年停止金本位制，轉換至管理通貨制度，成為不可兌換銀行券。原則上保證在這之前作為兌換紙幣的本位貨幣可以交換。

這種本位貨幣，在 1897 年制定貨幣法之前是銀幣，在貨幣法制定後轉變成金本位制後，金幣成為當時的本位貨幣。

其後，金本位制在 1942 年（昭和 17 年）廢止，現在基於管理通貨制度，日本的貨幣總量與金塊持有量並不一致，根據通貨管理當局的判斷而調節總量。

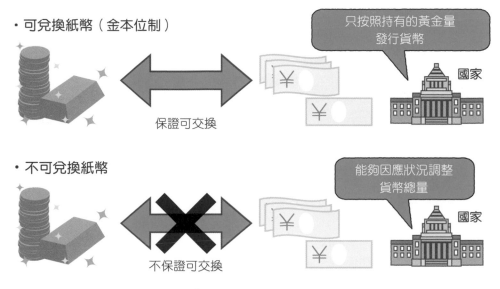

圖 1.10　可兌換貨幣與不可兌換貨幣

1.2.3　電子貨幣

在說明虛擬貨幣之前，作為類似（容易混淆）的概念，首先講解西瓜卡 Suica 及樂天 Edy 卡等具代表性的電子貨幣。

如圖 1.11 所示，電子貨幣是「預付型的付款方式」，事先用現金或信用卡儲值，就能夠使用。而可使用的場所受到限制，若商店沒有合作卡片支付就無法用來付款。

儲值的金錢儲存在電子貨幣的營運公司，當我們使用（結帳）時，合作商店對營運公司支付手續費。電子貨幣就像這樣，可在特定營運公司所限定的經濟圈內使用。

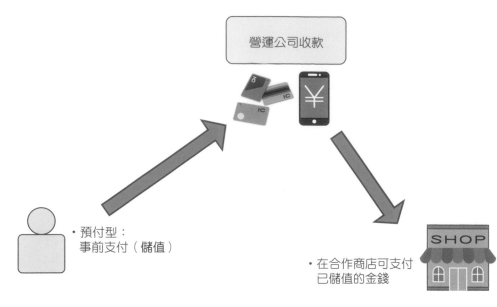

・預付型：
事前支付（**儲值**）

・在合作商店可支付
已儲值的金錢

圖 1.11　電子貨幣

虛擬貨幣

所謂虛擬貨幣，指在網際網路上可使用的「已加密電子貨幣」。其中最具代表性的就是比特幣，而現在共有 3000 種以上的虛擬貨幣。

虛擬貨幣的主要特性，就是並非如電子貨幣般由特定某個人負責管理，可說是「去中心化」的貨幣。同時，並沒有像法定貨幣一樣由國家之類的機構保證一定的價值，流通時具有價格變動的風險。

虛擬貨幣的歷史

接著來看虛擬貨幣的歷史與特徵。

現在最具代表性的虛擬貨幣之一的**比特幣**，由神秘人物 Satoshi Nakamoto[※] 在 2008 年 12 月公開的論文而開始。其後，2009 年 1 月 3 日開始運作的**比特幣網路**，經過 10 年之後，現在依然繼續運作。

※　譯註：中文圈慣稱中本聰。

當時，2008 年 9 月 15 日雷曼兄弟的破產（申請適用美國破產法第 11 條而破產）引起的「次級房貸風暴」，與其後發生的股災，讓全球經濟陷入一片混亂，產生令人無法信任自己國家貨幣的狀況。而在 2009 年 10 月的希臘債務危機，以希臘共和國的政權交接為契機，透露財政赤字比公開的數字更加大幅攀升為首，也引起一連串的金融危機。

法定貨幣等一般的貨幣，由國家管理流通數量，保證貨幣本身的價值。因此若發生金融危機，國家將失去信用，貨幣也會失去價值。另外，要轉帳時需要在銀行辦理，不過若銀行破產，就無法轉帳了（圖 1.12）。

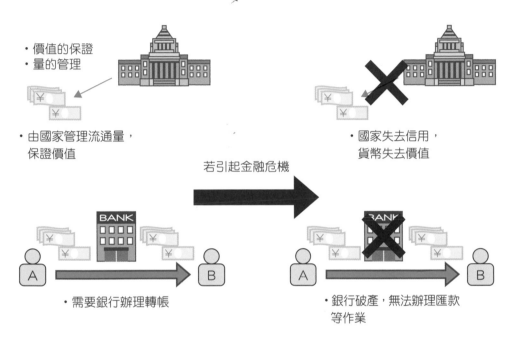

圖 1.12　金融危機與法定貨幣

在這種時代背景下，作為沒有人負責管理、擔保的貨幣，且沒有國家或銀行也能夠「1 對 1」直接轉帳的方法，比特幣問世了（圖 1.13）。而對自己國家貨幣感到不安的人們開始用比特幣，比特幣急遽蓬勃發展（圖 1.13）。

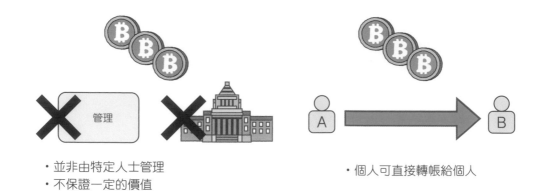

・並非由特定人士管理
・不保證一定的價值

・個人可直接轉帳給個人

圖 1.13　比特幣的特性

現在約有 3000 種以上的虛擬貨幣，而截至 2020 年 10 月，市價第一名為比特幣（BTC）約 22 兆日圓，第二名的以太坊（ETH）約 4 兆 3000 億日圓，第三名的瑞波幣（XRP）約 1 兆 2000 億日圓。而由比特幣分叉而出的第四名比特幣現金（BCH）為 4600 億日圓[※]。同樣由以太坊分叉而出的第 23 名以太坊經典（ETC），則約 670 億日圓。

※　請參考 https://coinmarketcap.com/ja/coins/

1.3 ‖ 圍繞在虛擬貨幣的事件

過去曾發生過各種關於虛擬貨幣的事件，理解這些事件對理解支撐虛擬貨幣技術的區塊鏈非常有幫助，因此本節將介紹幾個知名事件。

1.3.1 Mt.Gox 事件

2014 年 2 月 28 日，虛擬貨幣交易所 Mt.Gox 發表顧客持有的 75 萬比特幣與公司持有的 10 萬比特幣消失了，宣告破產。依當時的交易價格（1BTC ＝ 550 美元左右）計算，總共消失約 470 億日圓左右的金額，受到媒體大肆報導（圖 1.14）。

這個事件的問題在於交易所的管理方法與制度。由於比特幣的管理是以後述的**熱錢包**的形式在網路上進行，因此來自外部的攻擊會導致資料外洩。除了比特幣之外，用於購買虛擬貨幣用的委託金，估計也消失了多達 28 億日圓。

‖ Column

股票代碼

指在股票市場為了識別上市公司的名稱而標記的數字代碼。美國、加拿大、歐洲甚至亞洲的許多交易所都有使用。

虛擬貨幣的情況與股票類似，每種貨幣也都有標示代碼，如 BTC（比特幣）、ETH（以太坊）、XRP（瑞波幣）。而各自的貨幣單位也幾乎源自於這種股票代碼，例如，比特幣表示為 123.4BTC，以太坊為 56.7ETH。

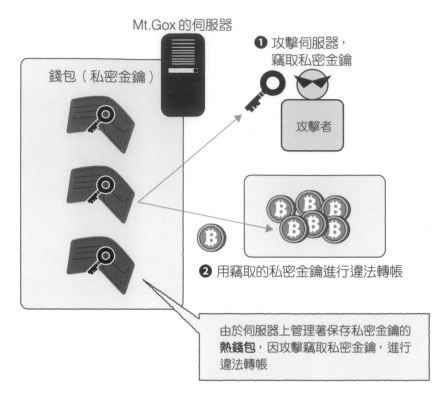

圖 1.14　Mt.Gox 事件的摘要

基於這類情況，從保護使用者的觀點修改了資金決算法，追加關於虛擬貨幣的條文。2017 年 4 月 1 日實施「改正資金結算法」，也稱作「虛擬貨幣法」，法規定義了「虛擬貨幣」，並制定了下述兩條事項（資金結算相關法律第二條之 5）。

- 一號虛擬貨幣：所有人都能使用，可作電子記錄、轉送，非法定貨幣之財產
- 二號虛擬貨幣：能夠與一號虛擬貨幣交換之財產般的價值

而「虛擬貨幣交換業」定義為執業下述任何之事業（同法第二條之 7）。

- 虛擬貨幣的買賣、與其他虛擬貨幣的交換，及仲介或代理
- 關於上述行為，管理使用者的金錢或虛擬貨幣之情況

以事業經營「虛擬貨幣交換業」的情況，必須進行虛擬貨幣交換業的註冊。註冊時雖有各種不同條件之規定，但財務規制方面資本金為 1000 萬日圓以上，資產淨值為正值。同時，作為安全管理義務，資訊安全對策或發生系統故障場合之對策擬定等規範，皆必須遵守。

而在 2019 年第 198 次通常國會中，就修改後的資金決算法討論了下列議題 ※ ：

· 基於國際趨勢，「虛擬貨幣」的名稱變更為「加密資產」
· 義務賦予用冷錢包等管理顧客的加密資產
· 若以其他方法管理，則有保留基礎資產（同種、同量的加密資產）的義務
· ICO 代幣成為金融商品交易規範對象之明確化

Column

給想進一步了解 Mt.Gox 事件的人

想進一步瞭解 Mt.Gox 事件的讀者，請參考以下網址。

·瞭解虛擬貨幣的歷史！「Mt.GOX 事件」摘要解説：
 https://kasobu.com/study-history-mtgox/

1.3.2　Coincheck 事件

2018 年 1 月 27 日，大型交易所 Coincheck 被揭發違法轉帳等值約 580 億日圓的虛擬貨幣新經幣（NEM）。於此，同年 3 月對用戶進行約 460 億日圓的補償。

公開本事件之脈絡，時間順序如表 1.1。

※ https://www.fsa.go.jp/common/diet/198/02/gaiyou.pdf

區塊鏈的摘要

在 Coincheck 的事件中，流出約 580 億日圓的龐大金額。這個事件之所以倍受矚目，在於金錢外流了 11 個小時後才被發現。這起事件的攻擊手法，是竊取以熱錢包在網路上保管的私密金鑰。

表 1.1　Coincheck 事件的動向

日期	狀況
2018/01/26 00:02	流出 1100 日圓
2018/01/26 00:04	流出 110 億日圓
2018/01/26 00:06	流出 110 億日圓
2018/01/26 00:07	流出 110 億日圓
2018/01/26 00:08	流出 110 億日圓
2018/01/26 00:09	流出 110 億日圓
2018/01/26 00:10	流出 22 億日圓
2018/01/26 00:21	流出 3.3 億日圓
2018/01/26 03:35	流出 1.7 億日圓
2018/01/26 04:33	流出 1.1 億日圓
2018/01/26 08:26	流出 8816 萬日圓
2018/01/26 11:25	察覺 NEM 餘額異常
2018/01/26 12:38	停止 NEM 的交易
2018/01/26 17:23	停止大多數貨幣的交易
2018/01/26 23:30	在記者會公開貨幣流出

熱錢包與冷錢包

寫到這裡，文中已經出現不少次「熱錢包」，此處來簡單說明熱錢包。

在區塊鏈保存交易記錄，需要**公開金鑰**與**私密金鑰**兩種金鑰。細節待第 5 章討論，此處請理解為：

- 公開金鑰：任何人都能看見的金鑰
- 私密金鑰：不能被任何人看見的金鑰

錢包（Wal.let）就是保管虛擬貨幣的地方，技術上來說，就是「保管私密金鑰的地方」。

要注意的是，或許錢包這個詞彙會給人「存放虛擬貨幣」的印象，但終究只是「存放金鑰的地方」。

錢包大致上分成**熱錢包**與**冷錢包**兩種（圖 1.15）。

熱錢包指在伺服器或軟體上保存私密金鑰的技術。因此，雖然能輕易使用私密金鑰，但是在伺服器上容易因入侵而被竊取，有時會被違法使用。先前提到的 Mt.Gox 事件和 Coincheck 事件，攻擊者就是從熱錢包竊取私密金鑰。

冷錢包分為將私密金鑰儲存在專用硬體的**硬體錢包**（hardware wallet），以及將私密金鑰記於紙上的**紙錢包**（paer wallet）。若為冷錢包，由於不會被破解而奪取私密金鑰，因此較為安全，另一方面經常進行交易時，私密金鑰上的處理較為繁瑣。

	熱錢包	冷錢包	
		硬體錢包	紙錢包
私密金鑰的地點	伺服器、軟體上	專用硬體內	紙張
優點	可簡便進行轉帳	高安全性，將硬體帶著走	高安全性，可簡便使用。可輕易交給他人
缺點	可能因為攻擊而被違法轉帳（尤其在伺服器上）	需花費硬體費用。需要操作的知識	經過時間流逝，紙張可能破損而無法使用。遺失紙張就沒救了
實際例子	•交易所 •手機軟體等	•USB 型等	•卡片型等

圖 1.15　熱錢包與冷錢包

1.3.3　萌奈幣與 51%攻擊

除了竊取私密金鑰以外，對於區塊鏈的攻擊還有「自私挖礦（selfish mining）攻擊」和「51%攻擊」。

例如，從 2018 年 5 月 13 日到同月的 15 日，攻擊者對來自日本的虛擬貨幣萌奈幣（Monacoin／MONA）進行**自私挖礦攻擊**，推測損失金額高達 980 萬日圓。

另外，2018 年 5 月 16 日至 19 日，攻擊者對比特幣黃金（BTG）進行**51%攻擊**，推測損失金額達 20 億日圓。這些攻擊都是針對運用形成共識演算法的 PoW（Proof of Work：參考第 6 章）之虛擬貨幣進行的攻擊，運用 PoW 的虛擬貨幣不會產生**清算**，意即起因為無論在哪個階段皆「在實質意義上，轉帳等交易並沒有成立」。所謂清算，指轉帳處理之類的交易有成立之意思。有鑑於此，「沒有清算」這件事，表示轉帳這個事實有可能被顛覆。

我們就以攻擊萌奈幣的事件當作例子，說明這種攻擊方式。

自私挖礦

區塊鏈的礦工經常進行挖礦（形成區塊），收集交易記錄，在區塊內存放這些記錄。

若攻擊者成功挖礦，挖到包含違法轉帳等交易的區塊，不會上傳至網路，而會私自持有。攻擊者對其他礦工（製作區塊者）公開的鏈（主網）進行挖礦的期間，私底下也對持有的鏈進行挖礦。像這種因礦工的自私而操控上傳的區塊，就稱為**自私挖礦**。

 Column

什麼是「自私」

自私（selfish）有「利己」或「自我本位」的意思，此處指因自己方便而持續挖礦。

攻擊者透過自私挖礦，準備且公開比在主網上的鏈而要更長的鏈。接著，由於攻擊者公開的鏈與主網上公開的鏈不同，鏈因此產生分叉（細節留到第 4 章說明）。如果發生分叉，只會保留比較長的鏈，短鏈則會被廢棄。

若攻擊者公開的新鏈比主網上的鏈更長，過去所公開的鏈將被廢棄，被攻擊者所公開的鏈取代。這種情況的問題在於：廢棄的短鏈上區塊含有的交易資料，會被視為無效因此而造成違法轉帳。

51%攻擊

在比特幣這類運用產生區塊之形成共識演算法 PoW 的區塊鏈上，礦工進行複雜的計算，挑戰產生區塊，如果成功便能夠獲得報酬。以比特幣為例，區塊產生的頻率被調整成大約 10 分鐘一次，直白一點的說法就是「可因應算力的量進行挖礦」。

此時，來思考某位礦工擁有整個網路 51％以上算力的情況（圖 1.16）。

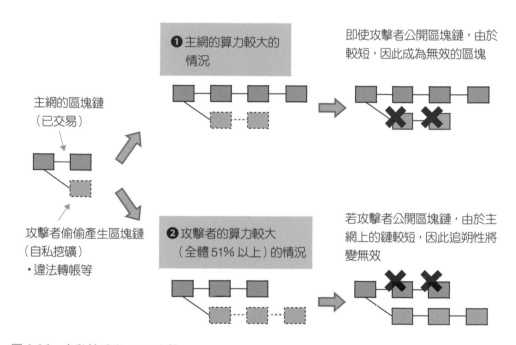

圖 1.16　自私挖礦與 51%攻擊

這種情況，該礦工連續產生區塊、成功挖礦的可能性越來越大。接著，如方才「自私挖礦」一節所述，能夠因自己方便而形成區塊。這種由於壓倒性的計算能力而控制區塊鏈的情況，稱為 **51%攻擊**。

如前所述，在萌奈幣遭受攻擊的同一時期，亦有攻擊者對比特幣黃金進行 51％攻擊。51％攻擊也與自私挖礦一樣，是運用形成共識演算法 PoW 這類虛擬貨幣無法避免的問題。

Column

理論上 50%以下也可能攻擊

有人指出，就算不具有 50%以上的計算能力，也能進行這些攻擊。

· Majority is not Enough: Bitcoin Mining is Vulnerable（2013/11/01）
 https://arxiv.org/abs/1311.0243

這篇論文指出，即便只有全體 41%的算力，也有 1/2 以上的機率能夠產生區塊。

雙重支付

在萌奈幣的攻擊中，透過兌換持有的萌奈幣後公開原本隱藏的區塊，讓已兌換的萌奈幣交易變成無效。這種使用兩次以上同一個虛擬貨幣的行為，就叫做**雙重支付**（圖 1.17）。

運用 PoW 的區塊鏈沒有清算，且鏈分叉（fork）的情況，會採用較長的鏈。因此，執行 51％或自私挖礦，便得以實踐雙重支付。不過，雙重支付只不過是「交易變無效」的情況，無法竄改區塊鏈或奪走其他人的虛擬貨幣。

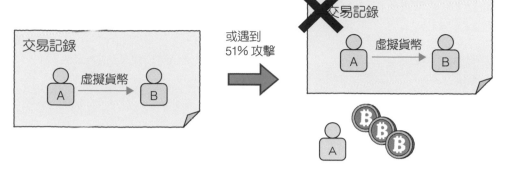

- 交易變成無效,虛擬貨幣留在攻擊者的手中
- 能夠使用兩次以上同樣的虛擬貨幣

圖 1.17　雙重支付

引起 51% 攻擊的可能性

其實,基於下述原因,世人原本認為「51％的攻擊在現實中不會發生」。

- 若具有 51% 以上計算能力,比起做出 51%攻擊,透過挖礦獲得報酬要更有效率
- 若 51%攻擊導致虛擬貨幣的信用、價值降低,攻擊者持有的虛擬貨幣價值也會降低

然而,現今除了比特幣以外,尚有無數個虛擬貨幣存在於世,還有好幾種安全性令人擔憂的虛擬貨幣。

51％攻擊花費的費用

網站 crypto51 計算並公布的「用挖礦服務平台 Nicehash 實行 1 小時的 51％攻擊」成本，就是易懂的例子。

・https://www.crypto51.app/

結果顯示，第一名的比特幣為 590 萬 1229 美元（約 6200 萬日圓），第二名的以太坊為 31 萬 854 美元（約 3300 萬日圓）。第三名的比特幣現金為 1 萬 974 美元（約 115 萬日圓），儘管突然變便宜，但仍需要 100 萬日圓以上的成本。

接著看下去，實際上遇到攻擊、出現損害的比特幣黃金排行第九名，為 293 美元（約 3 萬日圓）。萌奈幣同樣遭受 51％攻擊的損害，排行第 12 名，為 545 美元（約 6 萬日圓），可見這些虛擬貨幣非常容易受到 51％攻擊的影響。

雖然比特幣是虛擬貨幣的原點，但有另一種貨幣是基於比特幣形成的。那就是**山寨幣**（altcoin）。山寨幣的虛擬貨幣總發行量，和比特幣約 10 分鐘的「區塊產生時間」不同。山寨幣和比特幣不同，採用獨立的區塊鏈挖礦，且由於礦工不像比特幣那麼多，因此容易成為 51％攻擊的目標，變得難以確保資訊安全問題。

此時，有人思考出將訊息寫運用比特幣的交易（transaction，指交易記錄資料）的可用空間，而產生別種資訊的資產。那就是**彩色幣**（colored coins）（圖 1.18）。

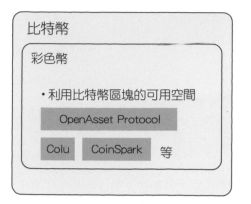
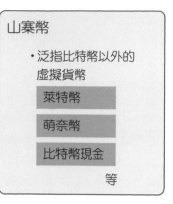

圖 1.18　比特幣、山寨幣與彩色幣

彩色幣是**比特幣 2.0** 的其中一項專案，即「採用比特幣的技術，同時應用在其他各種不同的領域上」。彩色幣將比特幣當作有價證卷、債權、不動產等資產處理，將這些資產的資訊以「色彩」標示。

由於彩色幣的原型就是比特幣，每個區塊的產生時間大約 10 分鐘，且比特幣形式的資訊安全受到擔保，也確保了安全性。

1.3.4　The DAO 事件

接著來瞭解虛擬貨幣以太坊引起的事件，即 **The DAO 事件**。The DAO 事件是 2016年 6 月在以太坊上安裝的系統智慧合約（參考第 7 章）的漏洞被突破，而流失約 50億日圓的以太幣（ETH）的事件。

什麼是 DAO

在瞭解事件摘要之前，先來瞭解 **DAO** 的意思。DAO 為「Decentralized Autonomous Organization」的簡稱，譯為「分散式自治組織」。

DAO 指無特定管理者和經營者的分散式組織，該組織無階級結構，依賴組織中成員自律進行營運。由於 DAO 沒有管理者和經營者，組織的決議、實行、治理是依照事先決定的規則而執行。

圖 1.19 是以太坊發起人 Vitalik Buterin 所做的表格。

這張表格分成：

- 傳統的組織：有經營者和員工的組織
- AI 操控的完全自動化組織：沒有經營者和員工的組織
- DAO（分散式自治組）：沒有經營者、有員工的組織
- 採用機器人的組織：有經營者、沒有員工的組織

縱使類似，DAO 與 AI 的不同之處在於必須有「人類的參與」。

	沒有員工	有員工
沒有經營者	AI 操控的完全 自動化組織	DAO （分散式自治組織）
有經營者	採用機器人的組織	傳統的組織

※出處：基於 DAOs, DACs, DAs and More: An Incomplete
Terminology Guide（2014/05/06）撰寫
https://ethereum.github.io/blog/2014/05/06/daos-dacs-
das-and-more-an-incomplete-terminology-guide/

圖 1.19　持有內部資本組織的四種分類與 DAO（分散式自治組織）

意即，在區塊鏈上安裝智慧合約（自動實行的專案：細節請參考第 7 章），可自動執行從確認「實行契約的條件」到履行為止的組織，就符合 DAO 的定義。

The DAO 與事件大綱

運用以太坊上的智慧合約安裝 DAO 的程式之一就是 **The DAO**。在 2016 年 5 月開始的 **ICO**（Initial Coin Offering：指為了籌措資金而將新推出的虛擬貨幣販賣給投資者的行為），The DAO 在當時 ICO 中籌措到最高金額，募集約高達 150 億日圓的資金。

這種 The DAO 具有「分裂」的功能，即「若不贊成 DAO 的營運，投資家能夠抽離預付的資金，形成新的 DAO」。一般而言，這種分裂只要實行一次之後就結束了，但有個「在資金完成轉移之前，能夠實行好幾次的分裂」的漏洞，而攻擊者盯上這種漏洞，導致籌措到的三分之一以上資金，約 360 萬 ETH（約 52 億日圓）遭到竊取。

只是在規格上，因分裂而移動的 ETH 有著「至少在 27 天內無法轉移」的機制。此時，人們便開始議論起「在這 27 天內，該如何處理被竊取的 ETH」。

從下述三個觀點思考應對方法：

- 軟分叉
- 硬分叉
- 什麼都不做（因為區塊鏈為去中心化）

軟分叉與硬分叉

接著，來簡略看一下**軟分叉**與**硬分叉**的說明。

區塊鏈的鏈分支而出的情況就叫做分叉，其中「新舊版本具有互換性，新版本的區塊在舊版本亦可相容」稱為軟分叉。由於軟分叉終究只是有互換性的規格變更，因此分叉遲早會匯集。

在這個案例中，有人提出「凍結以軟分叉的形式竊取 ETH 的錢包，使竊取者無法動用貨幣」的方法。當然，由於是軟分叉，分開前後的鏈具有互換性，但因為凍結了，無法拿回被竊取的 ETH。

另一方面，硬分叉是將某個區塊當作起點，區塊鏈本身的規格變更而引起沒有互換性的分叉。有鑑於此，本事件的應對方式為「將 ETH 恢復成被竊取以前的狀態」，亦即「從被竊取以前的狀態產生別種區塊鏈，讓 ETH 被竊取這件事沒發生過」。不過，由於這種情況是硬分叉，因此分叉的鏈將失去與以前的鏈之間的互換性（圖 1.20）。

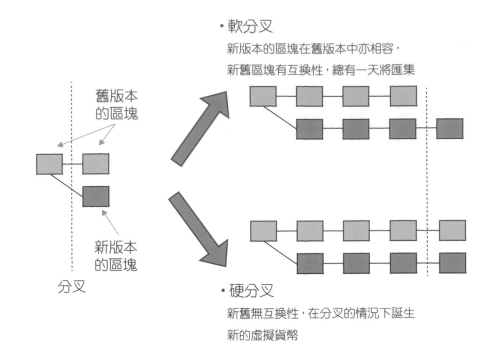

・軟分叉
新版本的區塊在舊版本中亦相容，
新舊區塊有互換性，總有一天將匯集

舊版本
的區塊

新版本
的區塊

分叉

・硬分叉
新舊無互換性，在分叉的情況下誕生
新的虛擬貨幣

圖 1.20　軟分叉與硬分叉

以太坊與以太坊經典

就結果而言，以太坊選擇硬分叉的方法。

實際上，即使嘗試軟分叉也發現漏洞，亦有 27 天的時效問題，因此才不得不選擇硬分叉實行。

然而，以太坊的參與者中，也有人對硬分叉持反對立場。因此，結果分成延續過去狀態的**以太坊經典**（ETC），與新分叉出的以太幣（ETH）兩種貨幣。由於分叉，虛擬貨幣本身產生分支（圖 1.21）。

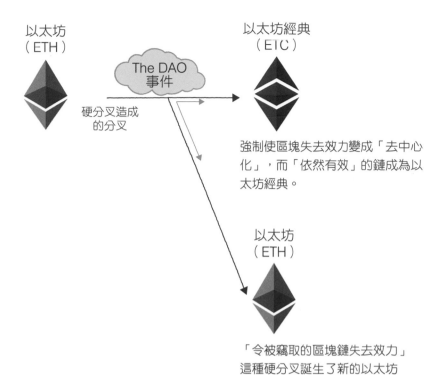

圖 1.21　以中心化的形式處理，實施硬分叉

The DAO 事件使人們得知原本應為去中心化的區塊鏈，亦可能在某些情況下強制實施分叉即中心化的操作。另外，雖然本事件的起因為軟體的漏洞，但原因並不在於以太坊本身的漏洞，而是在以太坊上安裝的智慧合約「The DAO」程式的安裝失誤造成的漏洞，這點也很重要。

現在雖然也有好幾種區塊鏈如以太坊安裝智慧合約，不過安裝者必須充分驗證所安裝的智慧合約是否有 bug 或漏洞。

1.4 ‖ 第 1 章彙整

本章介紹了由比特幣開始的虛擬貨幣的摘要。另外，雖然列舉了好幾個實際發生的事件，但並不表示「虛擬貨幣很危險」或「信任度低」。

區塊鏈的技術不僅限於虛擬貨幣，而是「多個組織可分享資訊，在無法竄改的狀態下記錄資訊」，這項特性可以有許多用途，具有能夠改變世界的可能性。

之後的章節將更進一步仔細說明組成區塊鏈的各種不同技術。

第 2 章

P2P 網路

網路是電腦交換資訊的方法之一。

網路也分成許多種類。電腦、智慧型手機一般連結的網際網路，以前也是用電話線，後來才變成 ADSL 和光纖的光纖通訊方式。而現在使用智慧型手機、電腦時都用連結 Wi-Fi 等無線通訊的網路。本書將這種「透過通訊基礎設備產生的連結」和通訊本身的行為稱作網路。

本章將講解網路成立的方式。過去的網路是用昂貴的主機電腦連結裝置，不過現在改為用戶端伺服器的形式。而在區塊鏈的世界中使用了稱作 P2P 網路的方式（圖 2.1）。

在本章，首先瞭解這些架構與兩者不同的地方。

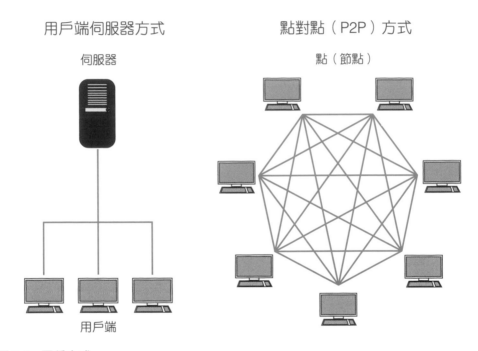

圖 2.1　兩種方式

2.1 ‖ 用戶端伺服器方式

用戶端伺服器方式中，分成由**用戶端**委託工作處理訊息，而**伺服器**接受委託進行工作處理並提出結果。企業內的系統和網路伺服器就是典型的例子（圖 2.2）。

若為網頁伺服器，用戶的網頁瀏覽器的工作要求傳送至伺服器，伺服器將工作處理結果回送至瀏覽器。

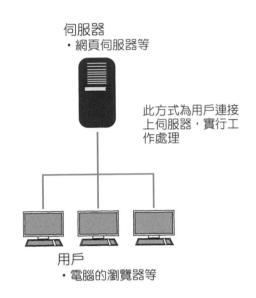

圖 2.2　用戶端伺服器方式

用戶端伺服器最大的特徵，就是用戶和伺服器事前已經決定好電腦參與網路的任務。而且，即使同為「伺服器」，還分成「網頁伺服器」和「資料庫伺服器」等，各自有自己的任務。

2.1.1　用戶端伺服器方式的問題

如圖 2.3 所示，用戶端伺服器的方式中，若伺服器和網路發生故障，就有可能使系統完全停止。且若用戶過多，傳送的命令會集中在特定伺服器上，引起處理上的延遲或故障。

為了因應這種情況，需要採取下述對策：

・強化伺服器，使其能夠高速且處理大量資料
・為了在故障時也能繼續工作，合併多台伺服器，產生冗餘

為了因應網路故障，也會設置雙重（或多重）線路，設置雙重網路介面和通訊埠，或設定網路聚合（link aggregation）。另外，若多個伺服器決定好各自的任務，必須因各自的任務調整機台數量或冗餘。而在其他情況，則必須引入分散工作處理的架構，如「循環 DNS 功能（round robin DNS）」或「負載平衡（load balancing）」。

結果，系統變得非常昂貴且複雜。

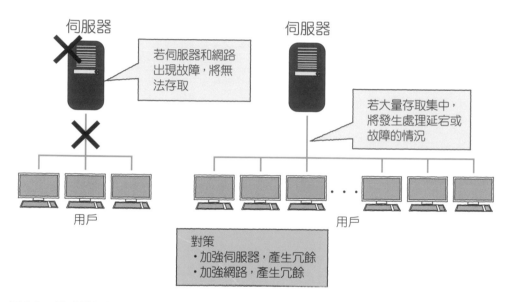

圖 2.3　用戶端伺服器方式的問題

2.2 ‖ 什麼是 P2P 網路？

另一方面，自比特幣問世以來，區塊鏈運用了**點對點（P2P）網路**的技術。「P2P」是 Peer to Peer 的簡稱，peer 的意思是「同等的人」、「同輩」、「朋友」。

點（節點）

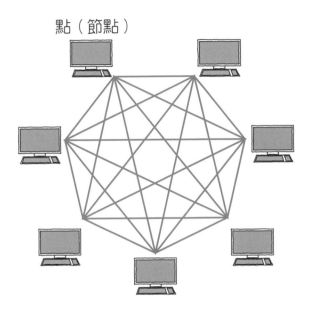

此方式是具有同級作用的 peer（點）形成網狀，互相進行通訊、處理工作

圖 2.4　P2P 網路

如圖 2.4 所示，在 P2P 網路中，將參與網路的電腦稱作**點**（peer）或**節點**（node）。每個點具有同樣層級的作用，多個點之間進行對等的通訊。P2P 網路的通訊不僅用於比特幣等區塊鏈技術，也廣泛應用在 LINE 或 Skype 等通訊服務上。

2.3 ‖ 在區塊鏈上用 P2P 的理由

以比特幣為首，許多區塊鏈都用到 P2P 網路技術，是基於下述原因：

① 實際上是零停機時間
② 架設系統的成本低
③ 去中心化

接著來看各項的細節。

2.3.1　實際的零停機時間

如前所述，在用戶端伺服器方式中，攻擊或故障等原因引起伺服器或網路異常，系統便可能停止運作。而若用戶人數過多，許多命令集中在特定的伺服器，將對伺服器造成負擔，最糟的情況是系統停止運作。

而且，為了因應此情況得事先準備高處理能力的伺服器或好幾台伺服器，由於價格非常昂貴，因此並不容易做到。

另一方面，在 P2P 網路中，具有對等功能的電腦作為節點，互相連線而組成系統。因此，即使組成網路的許多點中有一處發生故障，沒故障的點能夠與網路上其他點進行通訊，因此可以不受影響，繼續處理工作。同時，即使在特定點之間的網路發生異常，基於同樣的原因，也能夠與其他點之間的網路進行通訊。

亦即，在 P2P 網路中，系統實際上的停止時間為零，便得以實現零停機時間（圖 2.5）。

另外，負載平衡的點之中，P2P 網路方式也有重要的特性。在 P2P 網路方式，點終究只是對等的存在，工作處理不會集中在如用戶端伺服器方式的伺服器般的特定電腦上。因此，可自由追加點，能夠分散工作的處理（擴充：加強），這種特性可說具有「優秀的可擴充性」。

實際上以 P2P 網路方式組成的比特幣網路，自 2009 年開始運作之後，已經過 10 年以上，至今依然持續運作，不斷證明了「實際的零停機時間」。

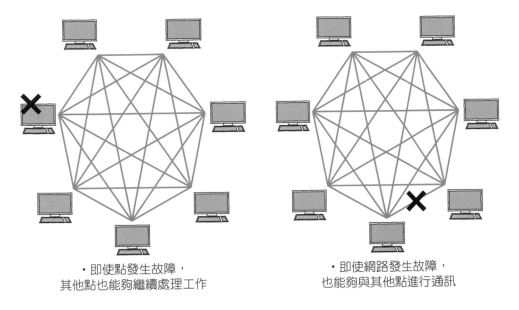

・即使點發生故障，
其他點也能夠繼續處理工作

・即使網路發生故障，
也能夠與其他點進行通訊

→實際上為**零停機時間**

圖 2.5　P2P 網路方式的故障耐性

2.3.2　架設系統的成本低

如前面講解的內容，P2P 網路方式與用戶端伺服器方式不同，是由多個對等功能的電腦以點的形式構成網路。而對於經濟層面也有好處。運用 P2P 網路方式，能夠以低廉的成本架設系統。

在 P2P 網路方式中，不需要如用戶端伺服器方式般「因應功能準備多台昂貴的電腦」（圖 2.6）。

另外，通常參與 P2P 網路的每台電腦，相較於伺服器都非常廉價。即便如此，如前所述也能夠因應故障問題，可擴充性也很優秀。

同時，由於每台電腦並不具有如用戶端伺服器方式般特別的任務，因此建構時，不需要設計、架設複雜的系統結構。

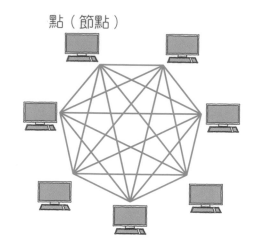

點（節點）

· 不需要昂貴的伺服器
· 不需要網路的冗餘對策

圖 2.6　P2P 網路可低成本架設

從這些特性來看，只要運用 P2P 網路方式，就能夠以低廉的成本架設系統。

2.3.3　去中心化

另外，在區塊鏈上運用 P2P 網路方式，是因為**去中心化**的緣故。

圖 2.7 為用戶端伺服器方式與點對點方式，各自表示中心化和去中心化的網路。

在用戶端伺服器方式中，所有資訊都聚集在伺服器中，也會管理存取權限，可說連接的用戶與伺服器並不對等。

另一方面在 P2P 網路中，參與的電腦並不具有伺服器或用戶般的任務，權限並不會集中於特定的伺服器上。而所有參與的點，都能對等地共享資訊。

基於這些因素，可防止資訊被獨佔、隱藏在特定伺服器上而造成的權力中心化。特別說到比特幣，參加的節點能夠將過去所有資訊以分散式帳本的形式對等地參考，這種架構能夠保證交易的信任和資訊安全。

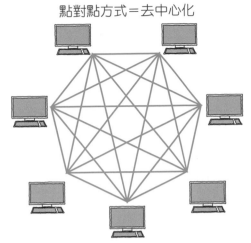

用戶端伺服器方式
＝中心化

點對點方式＝去中心化

・所有資訊都聚集在伺服器上
・亦由伺服器管理存取權

・所有的點共享資訊
・任何人（或者基於共通的共識）都能夠存取

圖 2.7　中心化和去中心化的網路方式

2.4 ║ P2P 網路的連接

那麼，在 P2P 網路上架設點參與網路時，是如何決定網際網路上通訊的對象呢？接著來瞭解在區塊鏈上實際執行的方法。

依照是否限制節點參與，區塊鏈可分為「私有鏈」和「公有鏈」（這兩者的特性在第 3 章會做詳細解說）。本節將會介紹兩者加入網路的方式。

2.4.1 私有鏈

首先，以 Hyperledger Fabric 和 Iroha 為代表的私有鏈中，只有獲得許可的節點能夠參與網路。也就是說，這種鏈是由事先訂定的節點，或明確追加的節點而組成網路的。

如圖 2.8 所示，由於私有鏈上只有特定的節點能夠參與網路，因此很容易決定通訊的對象。

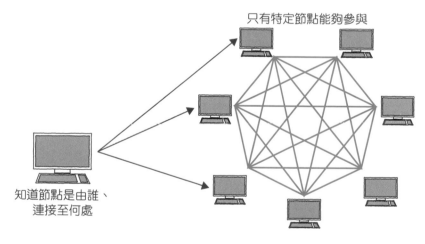

只有特定節點能夠參與

知道節點是由誰、連接至何處

圖 2.8　私有鏈的情況

2.4.2 公有鏈

另一方面，以比特幣和以太坊為代表的公有鏈，並沒有限制能夠參與的節點，是不特定多數的形式（圖 2.9）。因此，架設節點時，必須從不特定對象中找出通訊對象。

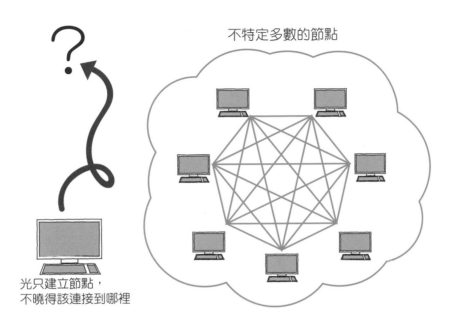

不特定多數的節點

光只建立節點，
不曉得該連接到哪裡

P2P 網路

圖 2.9　公有鏈的情況

比特幣

雖說是「不特定的對象」，但如果沒有任何根據，就沒有辦法決定連線的對象。因此，還是有一些既定的方式，來決定如何連線。

就以比特幣為例來看。比特幣的架構是用下述方法的組合，能夠確實找出通訊對象（參考：https://en.bitcoin.it/wiki/Network#Bootstrapping）。

① 固定 IP 位址清單
② DNS
③ IRC

①所指的「固定 IP 位址清單」源自於比特幣原始碼中所列的 IP 位址，完整的 IP 位址清單可以參考以下網址，這份清單中的 IPv4 與 IPv6 位址合計超過 700 個（列表 2.1）。

- https://github.com/bitcoin/bitcoin/blob/master/contrib/seeds/nodes_main.txt

```
2.24.141.73:8333
5.8.18.29:8333
5.43.228.99:8333
5.145.10.122:8333
5.166.35.47:8333
5.188.187.130:8333
5.199.133.193:8333
（以下省略）
```

列表 2.1　比特幣的固定 IP 位址清單

②的「DNS」，指基於探測 DNS 伺服器而回應的位址一覽表而連接的方式。版本 0.6x 以後都使用這種方式，DNS 伺服器的位址也寫在原始碼內，例如用 dig 指令查詢 **seed.bitcoin.sipa.be**，就會回應下述內容。

```
$ dig +short seed.bitcoin.sipa.be
145.239.254.226
124.122.254.251
178.143.52.84
216.38.129.164
193.84.116.22
178.238.236.248
188.155.235.244
13.112.109.34
193.119.100.113
（以下略）
```

③則是透過聊天通訊協定 IRC（Internet Relay Chat）。但這種方法在版本 0.6x 以後已經預設為關閉，版本 0.8.2 以後已經刪除這項功能了。其運作方式是從加入 **#bitcoin00** 到 **#bitcoin99** 為止的頻道（聊天群組）而取得 IP 位址。

此外，也可以透過 bitcoin-cli（比特幣命令列介面應用程式）執行 **-addnode**。

以太坊

接著，來看另一種在以太坊使用的方法。在以太坊中，原始碼裡頭有一串可供連線的節點清單，這些節點稱之為「bootnode」。詳細的清單內容可參見以下網址（列表 2.2）。

- https://github.com/ethereum/go-ethereum/blob/v1.9.2/params/bootnodes.go

```
var MainnetBootnodes = []string{
        // Ethereum Foundation Go Bootnodes
        "enode://d860a01f9 (中略) 66@18.138.108.67:30303",    // bootnode-aws-ap-southeast-1-001
        "enode://22a8232c3 (中略) de@3.209.45.79:30303",      // bootnode-aws-us-east-1-001
        "enode://ca6de62fc (中略) 58@34.255.23.113:30303",    // bootnode-aws-eu-west-1-001
        "enode://279944d8d (中略) d8@35.158.244.151:30303",   // bootnode-aws-eu-central-1-001
        "enode://8499da03c (中略) 0a@52.187.207.27:30303",    // bootnode-azure-australiaeast-001
        "enode://103858bdb (中略) c1@191.234.162.198:30303",  // bootnode-azure-brazilsouth-001
（以下省略）
```

列表 2.2　以太坊的原始碼中所寫的起始節點

以太坊不僅可以透過 IP 連線，也能透過稱為 **enode URL 形式**（參考：https://github.com/ethereum/wiki/wiki/enode-url-format）的 URI scheme 所寫的節點訊息。enode URL 形式包含下述內容（圖 2.10）。

- 16 進位的節點 ID
- 主機名稱（僅指定 IP 位址）與通訊埠號碼
- 如果 TCP 和 UDP（用於檢測）的通訊埠號不同，則在 UDP 通訊埠號後加上 'discport='

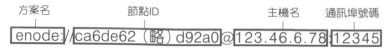

●一般情況

●TCP 與 UDP（檢測用）的通訊埠號碼不同的情況

圖 2.10　enode URL 形式

這種方法主要用在節點檢測協定，也可以用於 Geth（第 9 章會介紹）客戶端命令列的 **--bootnodes** 以及 Javascript 控制台，細節請參考下述網址。

* bootnodes 選項（geth 用戶端）：
  https://github.com/ethereum/go-ethereum/wiki/Command-Line-Options

* JavaScript 控制台：
  https://github.com/ethereum/go-ethereum/wiki/JavaScript-Console

就像這樣，在公有鏈上為了確實找出組成 P2P 網路的通訊對象，會組合各種不同的方法予以應用。

第 3 章

公有鏈與私有鏈

在第 2 章有稍微提到，區塊鏈根據是否有限制參與的節點，大致上分成**公有鏈**與**私有鏈**兩種。

前者的區塊鏈類型，是如比特幣和以太坊這種在網路上公開，任何人都能自由建立節點參加，而後者是只限獲得許可的特定節點才能夠參加的區塊鏈。

本章將瞭解這些特性與不同之處，並學習聯盟鏈的知識。

3.1 ||| 公有鏈

3.1.1 去中心化的區塊鏈

如第 1 章所述，區塊鏈始於比特幣的誕生。比特幣不存在特定的管理者，任何人都能自由參與網路，這種結構叫做**去中心化**。

由於任何人都能夠自由參與，意即「公開」，因此這種形式叫做**公有鏈**。公有鏈主要當作虛擬貨幣被運用，如比特幣、以太坊、新經幣等。

公有鏈上沒有特定的管理者，所有參與的不特定多數的節點作為「對等的點」連接網路，分享資料（圖 3.1）。

只不過，從「任何人都能夠參與」的情況來看，心懷不軌的人和節點也有可能參與網路，竄改連接在鏈上的區塊資料。因此為了防止竄改，必須有保證信用的機制。

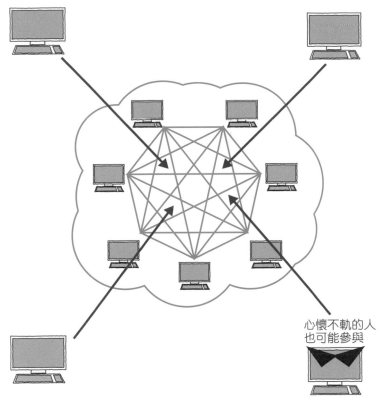

心懷不軌的人
也可能參與

・沒有特定管理者，由不特定多述的節點構成
・對外公開，任何人都能夠參與

圖 3.1　公有鏈

3.1.2　公有鏈的防止竄改與信用

在比特幣這種公有鏈上，以下的機制可防止竄改，保證信用程度。

①在交易（交易記錄）上簽名
②用區塊鏈防止竄改
③用工作證明（PoW）生成區塊
④若鏈分叉了，採用較長區塊鏈的機制
⑤任何人都能夠看見分散式帳本的機制

①在交易（交易記錄）上簽名

圖 3.2 為用模型圖表示比特幣的區塊鏈結構。也就是如第 1 章所述，構造上是：

- 交易紀錄等資料按照順序打包存放在區塊中
- 區塊中含有前一個區塊的資訊，可追溯到前一個區塊（形成鏈）

比特幣的交易單純來看就是「由誰（轉帳人）」、「對誰（收款人）」、「轉帳多少錢（轉帳金額）」的資訊，將這種交易紀錄打包保存在多個區塊中。

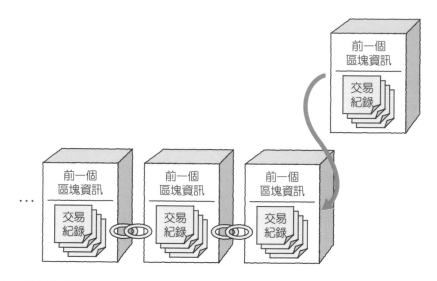

圖 3.2 　區塊鏈的摘要

打包存放在區塊內的每一筆交易紀錄，呈現**交易**（transaction）的資料構造。在第 4 章將會談到細節，目前請把它理解成圖 3.3 的內容。

由於交易就是交易紀錄，當然需要轉帳人、收款人、轉帳金額這類資料，但你也可以看到它包含了其他好幾種重要的資料。

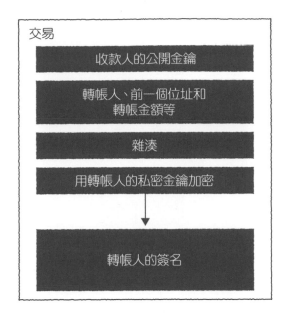

圖 3.3　交易的內容

首先介紹收款人的**公開金鑰**。細節留待第 5 章說明，不過它與**私密金鑰**配對的資料具有以下特徵：

- 以私密金鑰加密的內容，只能用配對的公開金鑰解碼
- 以公開金鑰加密的內容，只能用配對的私密金鑰解碼

由於這些特性，公開金鑰與私密金鑰的組合也稱作**金鑰配對**。

接著是**雜湊值**。這是指「以前的」，也就是基於「這次的轉帳人收下代幣」時的交易，用名為**雜湊函數**的特殊計算而獲得結果的特定值。而基於這種雜湊值，轉帳（交易生成者）進行**簽名**。雖然在第 5 章才會提到簽名本身的詳細架構，但簡單來說就是指「用（轉帳人的）私密金鑰將雜湊值加密過後的內容」。由於轉帳人（假設為「使用者 1」）的私密金鑰正如其名，只有使用者 1 知道，因此使用者 1 以外的人無法產生同樣的簽名。

根據這些資料，交易能夠受到驗證。接著來看範例，思考如何進行驗證。

圖 3.4 為交易流程，由使用者 1 轉帳給使用者 2，而使用者 2 轉帳給使用者 3。

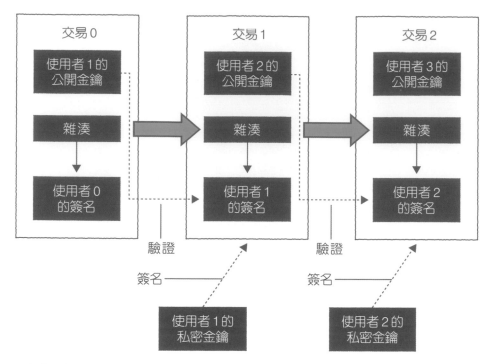

- 由前一個交易的內容計算雜湊值
- 基於雜湊用秘密金鑰生成簽名，用公開金鑰驗證

圖 3.4　使用者 1 對使用者 2，使用者 2 對使用者 3 轉帳時的交易

我們來看看中間的交易 1。交易 1 中的資料包含收款人使用者 2 公開金鑰、基於交易 0 資料的雜湊值，和轉帳人（即使用者 1）的簽名。

由於簽名是「用私密金鑰加密的雜湊值」，用公開金鑰可能解碼成原本的雜湊值，雜湊值可能基於交易 0 的資料計算。同樣地，比較交易 2 所包含的雜湊值，與交易 1 的資料計算的雜湊值，能夠驗證交易 1 無法竄改。

比特幣中的所有區塊包含的交易皆為公開。關於其內容，特別是使用公開金鑰的話，任何人都能夠輕易驗證有無竄改，即便是生成者本身也同樣無法竄改交易。

②用區塊鏈防止竄改

交易紀錄會存放在區塊中,被分享至網路上。雖然我們在第 4 章才會瞭解細節,比特幣的區塊構造如圖 3.5 所示。

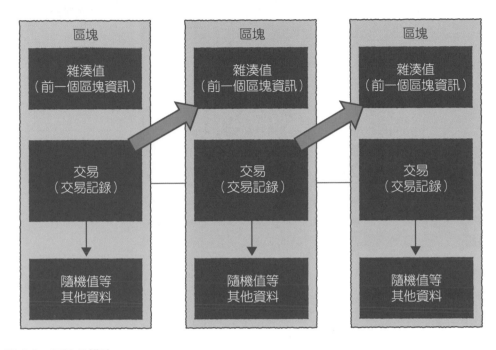

圖 3.5　區塊的構造

區塊含有前一個區塊的雜湊值,與前一個區塊連結在一起(形成鏈)(圖 3.6)。因此,區塊的竄改非常困難,想要進行竄改,就必須重寫連結的區塊上的所有資料。

如果攻擊者具有能夠隨意竄改區塊的算力,相較於竄改區塊,生成正確的區塊(挖礦)所能夠獲得的報酬(撰寫本書時約 6.25BTC)會高於竄改,因此能防止竄改。

· 區塊上含有前一個區塊的資訊（雜湊值：參考第5章）

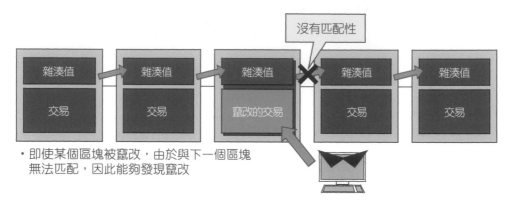

· 即使某個區塊被竄改，由於與下一個區塊
無法匹配，因此能夠發現竄改

圖 3.6　區塊鏈的結構而發現竄改

③用工作證明（Pow）產生區塊

回顧圖 3.5，可以發現比特幣的區塊中除了交易、雜湊值，還有**隨機值**這種資料。比特幣是用**工作證明（PoW）**收集交易以生成新區塊，而這種隨機值是產生區塊時扮演重要任務的資料。

Column

隨機值

隨機值的英語是 nonce，是「number used once」的簡稱。意思是「只用一次的數字」，指密碼通訊時「用過即丟的數字」。在比特幣中，會藉由不斷替換 nonce 來計算雜湊值，直到雜湊值小於難度值為止。如果算出一個雜湊值小於難度值的區塊，就代表「挖礦成功」，可以獲得報酬。

在 PoW 中，生產區塊時會計算新生成區塊的雜湊值，根據這個雜湊值是否低於特定數值（**難度**：difficulty），判定區塊生成的成功或失敗。只要雜湊值高於難度，隨機值就會持續改變，一直到再度計算出的雜湊值低於難度為止（圖 3.7）。

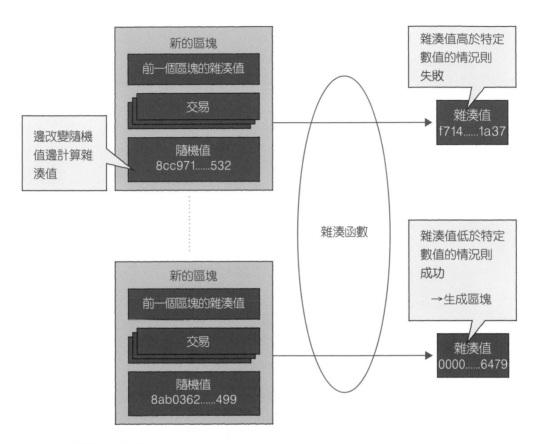

圖 3.7　隨機值與 PoW

為了讓每個區塊的生成的時間維持在 10 分鐘左右，每隔 2016 個區塊就會調整一次難度。全世界龐大的節點合力，也只能在 10 分鐘產出一個區塊，由此可見生成區塊所需的算力之龐大，所以想要竄改資料的想法是不切實際的。

④若鏈分叉了，採用較長區塊鏈的機制

正如比特幣，區塊鏈用 PoW 形成共識時，簡單來說就是「生成區塊的競爭」。不過，由於生成的區塊需要花費一段時間才能反映在整個網域上，有可能發生在競爭中鏈出現分叉的情況。

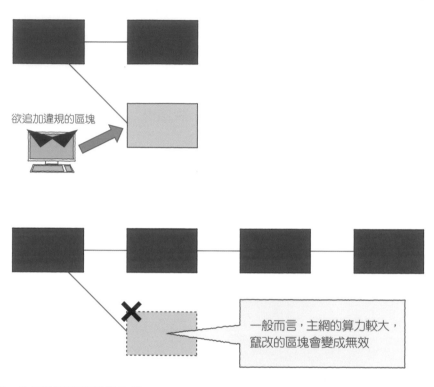

圖 3.8　分叉時則採用較長的鏈

在第 1 章也提過，當鏈產生分叉時，將採用較長的那條鏈（圖 3.8）。但由於竄改長區塊鏈需要非常大的算力，因此實際上這種竄改在實行上是有困難的。也由於這種原因，寫在分散式帳本上的交易資料可保證信用。

⑤任何人都能夠看見分散式帳本的機制

Bitnodes 表示，現在全球約有 10,600 個連接著比特幣的節點。這些分布在全球的多台電腦，全都能夠分享、閱覽分散式帳本。

・Bitnodes：https://bitnodes.io/

此外，還有其他也能查閱分散式帳本內容的網站。以網站「Blockchain Explorer」為例，就能夠同時瀏覽比特幣、以太坊、比特幣現金等三種虛擬貨幣即時的資訊（圖 3.9）。

・Blockchain Explorer：https://www.blockchain.com/explorer

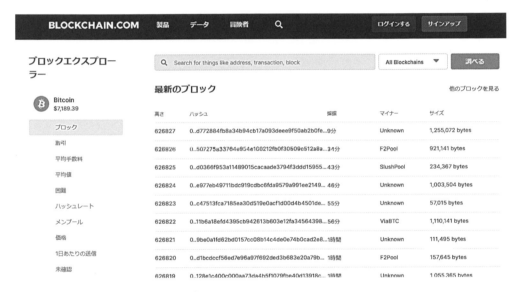

圖 3.9　Blockchain Explorer 的畫面

圖 3.10 為實際確認某個區塊內容的畫面。

BLOCKCHAIN.COM	製品　データ　冒険者　🔍
ハッシュ	00000000000000000000d772884fb8a34b94cb17a093deee9f50ab2b0fe0fde5 📋
確認	2
タイムスタンプ	2020-04-20 16:31
高さ	626827
マイナー	Unknown
トランザクション数	2,905
困難	14,715,214,060,656.53
マークル根	d34b5a690811d7c9fe7ee3a1407ca9ed5faecb4752059c8ab27426dfe771e0dd
版	0×2fffe000
ビット	387,129,532
重量	3,992,986 WU
サイズ	1,255,072 bytes
ノンス	497,142,595
取引量	9372.05251752 BTC
ブロック報酬	12.50000000 BTC
料金報酬	0.22327328 BTC

圖 3.10 在 Blockchain Explorer 確認區塊

另外，你也同樣能夠查閱區塊內含有的交易內容（圖 3.11）。

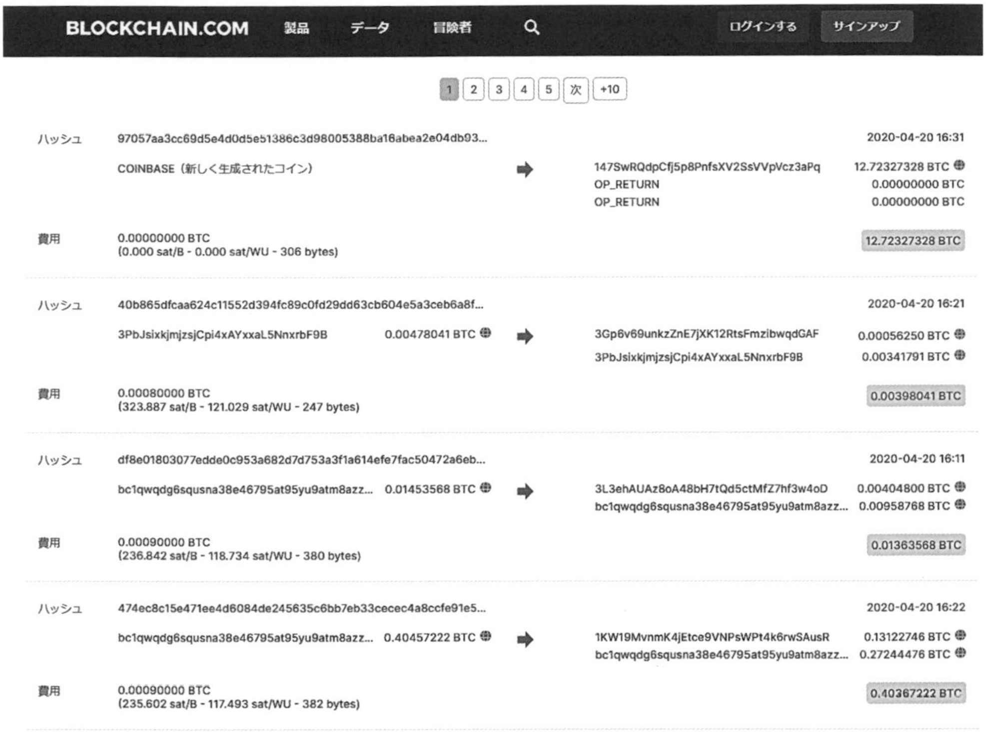

圖 3.11　在 Blockchain Explorer 確認區塊上包含的交易內容

如比特幣的公有鏈上，就有許多人能像這樣查閱分散式帳本上的資料，所以想要竄改區塊上的資料非常困難。

公有鏈最大的特性，正是任何人都能夠建立節點自由參加，而且難以竄改資料，所以能夠在去中心化、沒有銀行等特定管理的狀態下，保證實行交易時的信用。

3.2 ‖ 私有鏈

3.2.1 非公開的區塊鏈

公有鏈對外公開，且信用受到保證，廣泛應用在虛擬貨幣等技術上。不過在公有鏈出現後，人們也開始探討另一種方向、只想在公司等特定組織內部分享資料的「閉鎖性應用」。

相對於對外公開的區塊鏈（也就是所謂的公有鏈），這種技術是非對外公開的區塊鏈，即**私有鏈**（圖 3.12）。一般的私有鏈不會公開在網路上，無法主動參與。能夠加入這種區塊鏈的，就只有運用組織的管理者所許可的節點而已。

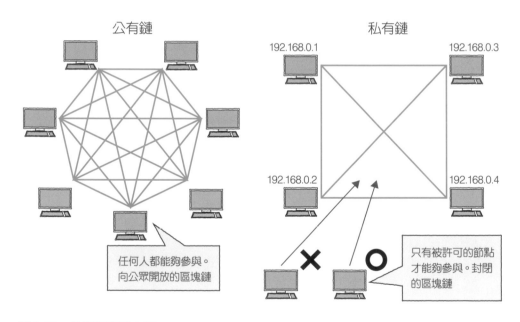

圖 3.12　公有鏈與私有鏈

Column

非許可制區塊鏈與許可制區塊鏈

公有鏈是非許可制（permissionless），參與者為不特定多數者，不需要經過許可。私有鏈和後述的聯盟鏈由於需要許可，也被稱為許可制（permissioned）。

透過這種技術，組織內的資料不會對外公開，能夠安全地共享，且可使用活用區塊鏈特性、確實有高信用程度的資料。

3.2.2 公有鏈缺乏的功能

另外，為了讓企業也能應用在商務行為上，私有鏈也具有公有鏈缺乏的下述功能。

- ·只有經授權的節點能夠參與
- ·只有經授權的人能夠實行工作處理
- ·因應個人或部署擁有的權限實行工作處理
- ·能夠因應個人或部署擁有的權限查閱必要的資訊

像這樣，在私有鏈上，只有經授權的人或組織才能共享必要的資訊，同時對未經授權的人或組織隱藏資訊。透過這種技術，便能夠安全且安心地應用在商務行為。

3.2.3 中心化的區塊鏈

公有鏈是去中心化的區塊鏈，即便是核心開發者，也不能夠隨心所欲地擅自修改、優化系統。

私有鏈則清楚存在管理區塊鏈節點的主體，也叫做中心化區塊鏈。因此，要改善系統，因應需求進行各種不同的規格變更也比較容易，不需要如公有鏈必須有「參與者的共識」。因此，私有鏈在一個企業組織內或企業集團內，能夠作為一種信任機制，只運用在限定的場合。實際上，也已經運用在公司貨幣或校園貨幣。

3.2.4 聯盟鏈

聯盟鏈也是私有鏈的一種型態。

根據《Wisdom 英日辭典》的說明，聯盟（consortium）的意思是「企業、銀行、團體等組織、企業聯盟、合資企業、群體」，可理解為不僅限於一間企業的多數企業組織的統整團體。

而聯盟鏈就是共享特定目的之多數公司組織所參與、營運的區塊鏈（圖 3.13）。而與私有鏈一樣，只有經管理者授權的節點夠參與網路。

只不過，和私有鏈的不同之處在於它「並非由單一組織營運，而是參與的多個組織共同營運」。因此，是由參與的多個組織所選出的多個管理者，或者由選出的的代表管理者進行營運管理。

Column

聯盟鏈的使用案例

Deloitte 在 2018 年 7 月 13 日發表的「活用區塊鏈技術之當事人確認（KYC）高度化平台架設的實證相關報告書」，就是聯盟鏈的應用之一。

· https://www2.deloitte.com/jp/ja/pages/about-deloitte/articles/news-releases/nr20180713.html

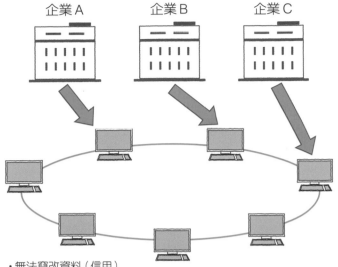

企業 A　　　企業 B　　　企業 C

・無法竄改資料（信用）
・可有效率地參考必要的資訊（分享資料）
・作為私有鏈，容易管理存取權（隱匿性）

圖 3.13　聯盟鏈

區塊鏈的優勢，不僅限於聯盟鏈的應用，也可以用於資料信用與資料共享，因為它具有不可竄改的特性。透過區塊鏈的使用，就能讓參與者順暢地分享作為分散式帳本而記錄的資料。

在商務應用上，可能有許多需要與其他公司或組織合作的地方，在這種情況下，區塊鏈可以作為一種安全可靠的資料共享方式。

聯盟鏈就是這樣的一種區塊鏈應用。透過它，就可以在由多個組織組成的企業聯盟、共同體的內部，安全地分享資料。

最後來整理公有鏈、私有鏈、聯盟鏈的不同之處（圖 3.14）。

	公有鏈	私有鏈	聯盟鏈
管理者	不存在	存在	存在多名
參與者	不特定、自由參加	限定、許可制	
信用性	可能出現心懷不軌的參與者	相對能夠信任	
形成共識	PoW、PoS 等	BFT 等	
確定交易	比特幣要 10 分鐘以上	幾秒之內	
變更規格	需要參與者的共識，有困難	容易	雖然需要共識，但參與者不多，容易達成
實際範例	比特幣、以太坊等	Hyperledger Fabric、Hyperledger Iroha、Corda、Quorum 等	

圖 3.14　公有鏈、私有鏈、聯盟鏈的比較

在滿足特定需求的情況下，就能夠發揮作用。如虛擬貨幣「作為去中心化的機制，希望讓更多人使用」的情況就用公有鏈；單一企業或學校系統的「公司貨幣、點數」就選擇用私有鏈。同時，多個企業組織協力的 KYC（Know Your Customer：客戶身分盡職調查。想要滿足犯罪收益轉移防止法（犯收法）對金融機構、轉帳業務、供應鏈和貿易的監管要求，聯盟鏈將成為首選技術。

而用聯盟鏈能夠架設出傳統資料庫系統無法實現的系統架構，因此可期待區塊鏈技術為世界帶來創新的可能性。

第 4 章

記錄在區塊鏈上的資料

在區塊鏈，連接網路的所有節點都是分散並記錄同一筆交易資料（帳本），因此區塊鏈也被稱作**分散式帳本**。本章將深入瞭解分散式帳本的架構，以及為何能夠保證信用。

4.1 ‖ 什麼是分散式帳本？

區塊鏈在 P2P 網路中作為點參與的所有節點都記錄同一筆資料。而被記錄的資料「在區塊鏈上實行的所有交易」，這種資料因為「記錄某項事情時，最源頭的帳簿、帳冊」，因而稱作**帳本**。

帳本原指「記錄買賣時金額的帳冊」或「記錄某事物基礎事實的帳冊」。那麼就舉日本人熟悉的住民基本台帳[※]為例。

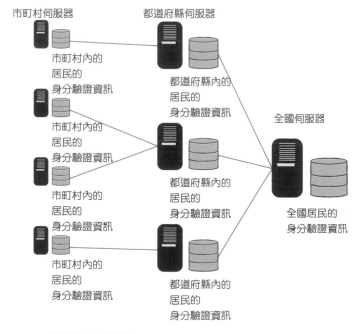

・參與者為上下關係，
 並非所有參與者持有相同內容

圖 4.1　一般帳本的例子：住民基本台帳

※　譯註：保存類似台灣戶籍謄本的資料庫。

以住民基本台帳（圖 4.1）為例，呈現階梯結構。

- 在名為全國伺服器的中央伺服器，保存所有居民的身分驗證資訊
- 各都道府縣有都道府縣伺服器，保存其都道府縣內居民的資訊
- 各市町村有市町村伺服器，保存其市町村內居民的資訊

市民可使用從窗口等末端連上的市町村伺服器內的資料。如此處所示，在某個伺服器上「master」的帳本（住民基本台帳全國伺服器上的資料）就是一般的帳本系統。

不過在區塊鏈，參與網路的所有節點（peer）皆為平等，持有同樣資料。由於帳本分散至所有節點而被記錄，因此稱作**分散式帳本**。

在第 1 章也簡潔說明過，在區塊鏈上作為帳本記錄的資訊，也就是交易紀錄在保持前後關係的狀態下「連結」（**鏈**）保存。在區塊鏈中，這種「交易紀錄」被記錄在稱為**交易**的資料中，交易中保存彙整一定程度**區塊**的資料。由於區塊與前一個區塊連接形成鏈而被保存，因此稱作「區塊鏈」。

如之後 4.3 節所見，正因為是這種鏈的架構，因此可防止竄改，具有信用性。特別在公有鏈上，任何人都能夠存取分散的帳本資料，可查閱、驗證交易紀錄。

此處舉比特幣為例，接著來看交易和區塊的構造，及保證信用性的架構。

在瞭解具體的結構之前，首先要知道**交易**的概念。

交易的意思是「業務上的處理」，在電腦運算中，是「進行一連串無法分割的工作處理」的意思。

以比特幣為首的區塊鏈中，即虛擬貨幣都有運用這種結構，因此將交易視為「轉帳處理」，想必最容易理解吧（圖 4.2）。

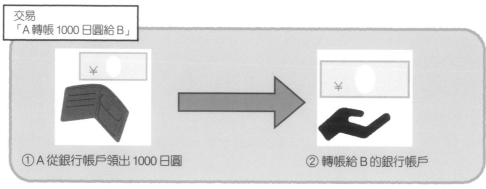

・領現金與轉帳是一組的

圖 4.2　交易處理的例子

例如，假設 A 將 1000 日圓匯給 B 的轉帳處理，

① A 從銀行帳戶領取 1000 日圓
② 將領取的 1000 日圓轉到 B 的銀行帳戶

想必讀者已經注意到這一連串的處理是不可分割的。如果只進行步驟①，或只進行步驟②，就只有一方損失或一方獲得 1000 日圓，對帳對不起來。

且這裡最重要的，就是這一連串的處理會只有「成功」或「失敗」兩種狀態。因此，若 A 在步驟①沒有成功提領 1000 日圓的話，這種轉帳處理會全部失敗。同樣地，若在步驟②沒有成功匯入 B 的銀行帳戶中，並非 A 的 1000 日圓消失了，而是 A 根本沒有提領 1000 日圓。

區塊鏈也是同樣的道理。在區塊鏈上記錄的交易過程，是為了實行一連串的處理而生成「轉帳處理」的交易資料。

4.2.1 交易的構造

那麼，我們以比特幣為例，來瞭解交易的細節。

如圖 4.3 所示，比特幣的交易資料具有輸入（tx_in）與輸出（tx_out）各一種以上的構造。簡單來說，輸入是用於轉帳的代幣（指定轉帳人的資料），輸出是轉帳後的代幣（指定收款人的資料）。

種類	表記	內容
輸入	tx_in count	輸入的數字
	tx_in[0]……tx_in[n]	個別輸入資料
輸出	tx_out count	輸出的數字
	tx_out[0]……tx_out[n]	個別輸出資料
其他	lock_time	lock 時間 （將交易用區塊、指定時間 lock）
	version	交易的版本

圖 4.3　比特幣的交易的構造

4.2.2 UTXO

交易資料的輸出作為 **UTXO（Unspent Transaction Output：未使用的交易輸出）** 是「尚未使用」，直到下次使用（作為輸入消耗）。用文字很難具體的解釋，讓我們看一下圖 4.4 作為說明。

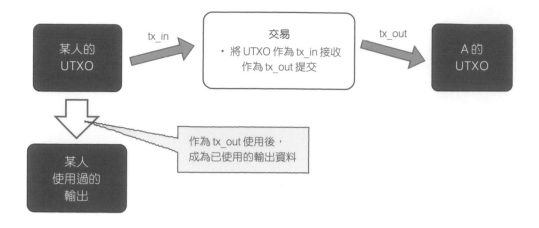

UTXO：尚未使用的交易輸出

圖 4.4　比特幣的交易流程

如圖 4.4 所示，轉帳處理的交易，是將某個人的 UTXO 當作輸入（tx_in）使用，給別人的資料當作輸出（tx_out）進行轉帳。此時，作為 tx_in 的 UTXO 已經使用完畢，也就是並非 UTXO，只是個紀錄。

這種架構能夠防止同樣的貨幣被輸出多次，即**雙重支付**的情況發生。

錢包與餘額

tx_out 鎖定有收款人能夠使用（不交出 tx_in）。如果要解除這種鎖定，需要私密金鑰（參考第 5 章），而管理這種私密金鑰的就是第 1 章提及的**錢包**。

現在讓我們以交易資料的形式來考慮前面的圖 4.4（參見圖 4.5）。假設交易 1(Tx1)是「有人轉帳 100 給 A 先生」。請注意，交易的建立者是匯款者，不是收款者或任何人。

Tx1 的 tx_in，設定了以前進行過的交易 Tx0 的第一個（注意是從 0 開始）tx_out，即 tx_out[1]。這是指以前此人接收的 UTXO，使用這種 UTXO 就能夠指定用 tx_out「轉帳 100 給 A」（這裡先不考慮之後出現的**手續費**）。

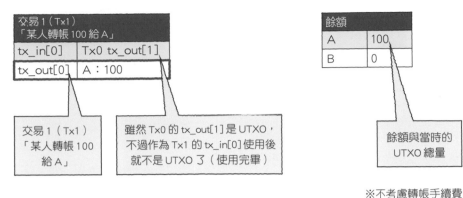

交易　　　　　　　　　　　　　　　　　　實行結果

交易 1（Tx1）
「某人轉帳 100 給 A」

tx_in[0]	Tx0 tx_out[1]
tx_out[0]	A：100

交易 1（Tx1）
「某人轉帳 100
給 A」

雖然 Tx0 的 tx_out[1] 是 UTXO，
不過作為 Tx1 的 tx_in[0] 使用後
就不是 UTXO 了（使用完畢）

餘額	
A	100
B	0

餘額與當時的
UTXO 總量

※不考慮轉帳手續費

圖 4.5　某個人對 A 轉帳 100 的交易

以這筆交易來說，金額 100 的 Tx1 的 tx_out[0] 成為 A 的 UTXO。由於 A 沒有其他 UTXO，因此能把它視為是「A 的錢包餘額為 100」（圖 4.5 右）。也就是說，所謂錢包的餘額，就是當時所有 UTXO 的總金額。

請注意，如先前所述，錢包是「管理私密金鑰與比特幣位址」的東西，實際上貨幣並沒有放在裡面。總歸一句，餘額是「能夠用自己帳戶**錢包**中的私密金鑰操控的 UTXO」。

4.2.3　各種匯款的例子

接著，我們來看看其他的轉帳模式，加深對交易與 UTXO 的理解。

首先，思考 A 全額轉帳給 B 的情況（圖 4.6）。

① 全額轉帳

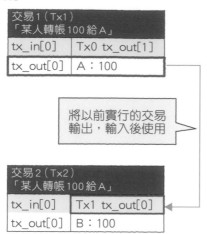

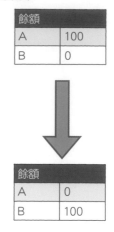

※不考慮轉帳手續費

圖 4.6　A 全額轉帳給 B 的情況

A 在 Tx1 持有 100 的 UTXO，建立一筆交易 Tx2 將錢轉給 B。首先，tx_in 被設定為 Tx1 的 tx_out[0]，這是一個 UTXO，tx_out 則被設定為「轉帳 100 給 B」，餘額如圖 4.6 所示，A 從 100 變成 0，B 從 0 變成 100。

接著來思考轉帳部分而非全額 UTXO 的情況。圖 4.7 的交易表示 A 各轉帳 10 給 B 和 C。

由於 A 的 UTXO（Tx1 的 tx_out[0]）為 100，看似只要將其中的 10 轉帳給 B，將 10 轉帳給 C 就好，實際上並非如此。

UTXO 的金額終究只是 100，無法分割處理。只能整批交給 tx_in。因此，將 tx_out 指定為「將 10 轉帳給 B」，「將 10 轉帳給 C」，「將 80 留給 A 自己（找錢）」。如圖 4.7 所示，這麼一來，B 和 C 各自的餘額增加 10，A 的餘額減為 80。

② 將 UTXO 的一部分轉帳的交易

交易

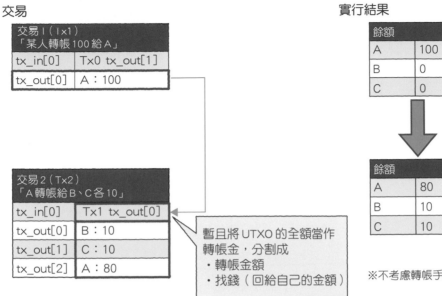

※不考慮轉帳手續費

圖 4.7　A 轉帳給 B、C 各 10 的情況

最後，思考稍微複雜的情況。請看圖 4.8。

③ 將多個 tx 一同轉帳的情況

交易

實行結果

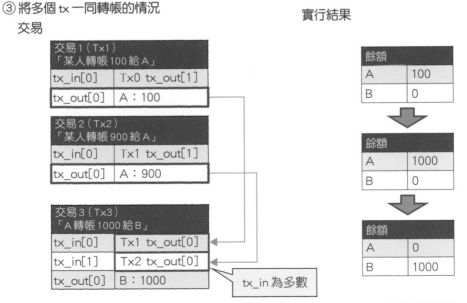

※不考慮轉帳手續費

圖 4.8　A 以 100、900 的順序收下總金額，全額轉帳給 B

首先，A 在 Tx1 這筆交易從某人那裡收下 100 的過程就跟之前一樣。接下來的交易 Tx2，A 又收下了 900，餘額（也就是 UTXO）的總和為 1000。

接下來，我們想把這 1000 全額作為 Tx3 轉給 B，但是 UTXO 只有 900 和 100，所以不能跟之前一樣僅指定一個 tx_in，在這種情況下，因為只需要為 tx_out 指定一個「轉帳 1000 給 B」，就得到了圖 4.8 左下角的結果。

交易手續費

之前刻意「※ 不考慮轉帳手續費」，接下來，我們就來談談**交易手續費**。

如後述，若生成交易，將傳送到整個網路上，而接收的每個節點（**礦工**）就會將資料彙整成區塊。

這種時候，礦工並不是免費工作，而是扣取交易手續費做為報酬。

圖 4.9 為 A 將持有的 100 各轉帳給 B 和 C 各 10 的範例。與圖 4.7 不同之處，在於有 2 元被作為手續費，從 A 的餘額中扣除了，因此，A 的餘額（原本的金額－轉帳金額－手續費）變成 78。

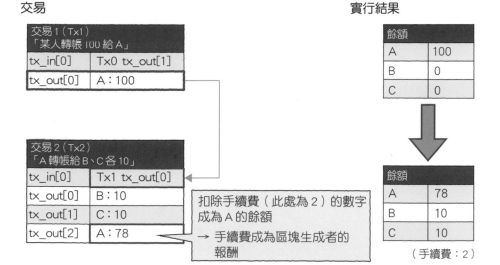

圖 4.9　考慮手續費的轉帳例子

Column

手續費

比特幣的交易由交易的總計位元組數支付手續費，此時每位元組的單價因應挖礦的狀況而有所變動。另外，透過交易所轉帳比特幣的情況，必須支付給交易規定的手續費。而手續費無上限，可自由設定。手續費越高，就會越快成為區塊（交易的許可：後述）。由於手續費是礦工（生成區塊的人）的報酬，因此手續費的金額高低也會影響交易處理的優先順序。

整理到這裡，交易的輸入與輸出的方程式如以下所示。

輸入（UTXO）的總計＋手續費＝輸出的總計

如果（UTX0 總計＋手續費）未達輸出總計的情況，將變成餘額不足，無法轉帳。

UTXO 架構的優點與缺點

根據 UTXO 的架構，使用過一次的輸出便無法用第二次，唯有處於未使用狀態的輸出 UXTO 才能作為輸入使用。也就是說，每筆交易都會消費 UTXO 並形成新的 UXTO，因此可防止比特幣的雙重支付（double spend）。

此外，使用 UTXO 還有下述的優點。

首先是難以追蹤。多個 UTXO 轉帳給多個 UTXO，路徑會變得不明確。由於比特幣是由同一個人使用多個位址，只要改變接收餘額的位址，便難以辨識是誰轉帳的。

其次，是不會受到重送攻擊（replay attack）的影響。重送攻擊是利用硬分叉（後述）發生之際，當雙方的區塊鏈都有交易副本時，實行同樣金額轉帳的攻擊。但是，因為再次執行的交易，所指向的 UTXO 已經不存在，因此使用 UTXO 能夠讓重送攻擊直接失效。

但是，UTXO 也有下述缺點。

為了計算餘額，所有的 UTXO 都需要計算，轉帳時 UTXO 的計算也很複雜。由於比特幣的手續費由交易的位元組數決定，為了將容量縮到最小，必須選擇使用何種 UTXO 來抑制手續費。且由於餘額分裂成多個 UTXO，計算餘額的記憶體使用量將增加。

4.3 ‖ 區塊

前面已多次提過，比特幣中的交易，是將資料彙整成區塊形式而記錄。我們先來瞭解如何產生區塊，再來看看區塊的構造。

4.3.1 產生區塊的流程

我們在前一節學習了交易的構造，本節將學習生成的交易將如何形成區塊（圖4.10）。

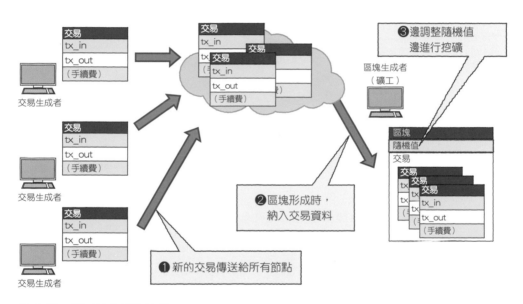

圖 4.10　新區塊的產生流程

首先，產生的新交易會經由網路傳送給所有節點（圖 4.10 ❶），雖然所有節點未必同時到達，不過一定會在被區塊吸收的期間傳送給全體，因此不會有問題。

公開至網路的新交易，由打算形成區塊（**挖礦**：後述）的節點（**礦工**）吸收成為新的區塊（圖 4.10 ❷）。

而礦工吸收一定數量的交易以進行**挖礦**（圖 4.10 ❸）。

挖礦與形成共識

第 3 章曾經提到過，在區塊生成時，必須計算區塊的雜湊值（計算方法後述），如果計算出來的數值比事前訂定的**難度**還低的話，表示沒有成功生成區塊（圖 4.11）。

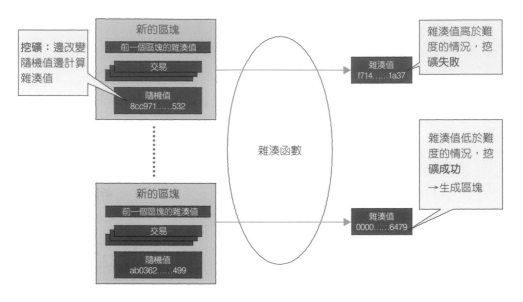

圖 4.11　挖礦

如果生成區塊時失敗，名為**隨機值**的數值就會變更。雜湊值的特性，就是原本的資料就算只改變一點，雜湊值也會大幅變化（參考第 5 章）。因此，改變隨機值後再度計算雜湊值，就會變成完全不同的結果。

像這樣在雜湊值降得比難度更低之前，也就是在成功為止，會反覆進行好幾次「變更隨機值」→「計算雜湊值」的過程。這個處理過程就叫做區塊的**挖礦**（mining），而進行處理的節點就稱為**礦工**（miner）。

比特幣的難度被調整為「大約每 10 分鐘能夠成功挖礦一次」。具體而言，演算法是基於過去 2016 個區塊的生成所花費的時間，而決定下一批 2016 個區塊的生成該有的難度。

PoW

這種「因應算力而提升挖礦的成功率」的機制就叫做 **PoW（Proof of Work**：工作證明），正是將「正確的區塊是什麼」這種節點之間的共識，基於算力而進行（**形成共識**）。除了比特幣，許多虛擬貨幣也都運用 PoW。

PoW 的優點就是難以竄改，能夠有效地抵禦惡意的攻擊。實際上比特幣從 2009 年起已運作超過 10 年，即使遇到攻擊也都沒有出現問題。

不過要注意的是，若參與的節點數量不多或全體的算力太低，心懷不軌的節點確實有可能做到 51% 攻擊。

PoS

PoS（Proof of Stake）是根據虛擬貨幣持有量的比例，來判定誰更容易獲得交易的許可和生成區塊權利的一種共識機制。

你所持有的虛擬貨幣越多、持有的時間越長，獲得報酬的「機率」也會隨之提升。

這種機制可以解決 PoW 的一些缺點，諸如生成區塊太過費時，以及因為十分仰賴算力而導致電力能源的耗費等問題。

挖礦的報酬

若成功挖礦，礦工就會收到一定金額的貨幣當作報酬。這種給予礦工的報酬，就是稱作「COINBASE」的特殊交易，配置在區塊的最前端（圖 4.12）。

ハッシュ	97057aa3cc69d5e4d0d5e51386c3d98005388ba16abea2e04db93...		2020-04-20 16:31
	COINBASE（新しく生成されたコイン）	➡	147SwRQdpCfj5p8PnfsXV2SsVVpVcz3aPq　12.72327328 BTC ⊕
			OP_RETURN　0.00000000 BTC
			OP_RETURN　0.00000000 BTC
費用	0.00000000 BTC		
	(0.000 sat/B - 0.000 sat/WU - 306 bytes)		12.72327328 BTC

圖 4.12　挖礦報酬的交易「COINBASE」

挖礦的報酬最初是一個區塊 50BTC，而每 21 萬個區塊（四年）就會減半（「減半期」），最後在第 693 萬個區塊（第 33 次的減半期）以後的報酬額變成零。

雖然挖礦報酬會增加比特幣的總數（通貨膨脹），不過達到 2100 萬 BTC 時就結束了。2100 萬 BTC 就是比特幣的最終總貨幣數（總量）。

接著我們來瞭解區塊結束生成後，其他節點的許可過程。

驗證

已經被加入區塊中的交易，表示它已經獲得驗證。反過來說，如果交易沒有被加入區塊中，就是未驗證狀態。

而挖礦造成連接至區塊鏈上的區塊增加了，因此連接至納入進行交易的交易區塊的區塊逐漸增加。

結果就是驗證數增加了。

圖 4.13 為挖礦後區塊的流程。

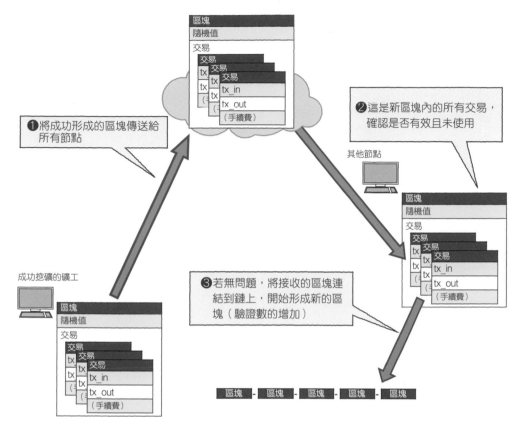

圖 4.13　區塊的許可

圖 4.13 顯示了挖礦成功的區塊如何連接至區塊鏈上以增加驗證數。

由於比特幣是每 10 分鐘生成一個區塊，等待交易驗證需要花費 10 分鐘左右。

另外，由於一般認為約六個區塊連結在一起的狀態，推翻交易的可能性較低，因此最好是等待一個小時。

交易的「驗證」

與其說區塊被挖礦而獲得許可，不如說是交易被區塊納入時才獲得許可。之後，透過挖礦，區塊逐漸連結而使得驗證數增加。

挖礦成功之後，首先將新區塊傳送至所有節點（圖 4.13 ❶）。接著接收區塊的節點，確認新區塊內所有的交易是有效且未使用的（圖 4.13 ❷）。

如果新的區塊沒有問題，接收的區塊被寫入區塊鏈之後，礦工便開始挖掘與之相連的其他新區塊（圖 4.13 ❸），這就表示這個礦工（節點）已經驗證這個區塊，當這個節點獲得網路上的大多數節點驗證，也就有了可信度。

4.3.3　區塊的構造

瞭解了從交易產生區塊的流程後，我們接著來看區塊具體的構造。比特幣的區塊如圖 4.14 所示。

欄位	摘要
巧數	表示比特幣區塊的固定值。 0xD9B3DEF9
區塊大小	區塊最後的頭數
區塊頭	（圖 4.15 所示）
交易數	可變長度整數
交易	1 個以上的交易清單

圖 4.14　區塊的構造

其中，區塊頭由圖 4.15 所示的六個項目組成。

欄位	內容
版本	區塊版本
最前端區塊	先行區塊的雜湊值
梅克爾根	（後述）
時間戳	表示此區塊產生時刻的時間戳
位元	決定難度
隨機值	因 PoW 變化的值

圖 4.15　區塊頭的構造

在前面挖礦的說明中雖然提到了「區塊的雜湊值」，但正確來說只計算這個區塊頭的雜湊值。其中**梅克爾根**的數值，表示區塊中涵蓋的所有交易雜湊值的彙整。

梅克爾根

由於區塊鏈為多個區塊連結的狀態，資料非常龐大，因此有時難以維持所有資料而作驗證。為了因應這種情況，比特幣準備了「只維持驗證所需的部分，能夠用這個部分驗證的架構」的機制，就是**梅克爾根**（markle root）。

梅克爾根指「**梅克爾樹**（markle tree）」的意思，如圖 4.16 所示，從所有節點持有雜湊值的二元樹（Binary Tree）之梅克爾樹（也稱作雜湊樹：Hash Tree）所獲得的雜湊值。

梅克爾樹的「葉子（leaf）」節點持有各交易的雜湊，且由於梅克爾樹是二元樹，因此如果只有邊，另一邊的分枝也會是同樣的內容（圖 4.16 右側的交易 C）。

這種梅克爾樹的架構，只需要交易的資料與區塊頭、樹（tree）的雜湊值等少量資料，便能夠查核含有特定交易的區塊。

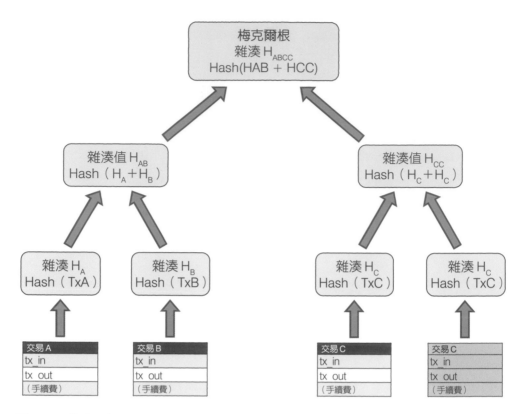

圖 4.16　梅克爾根

4.3.4　分叉

比特幣的 PoW 結果作為區塊寫入資料。不過由於全世界的節點都在競爭挖礦，有時會發生同時出現兩個以上連接到鏈的區塊，這種狀態稱作**分叉**（圖 4.17），如同餐桌上的叉子前端分成好幾個分支的情況。

比特幣當初有預測到這種狀態，比特幣的論文 ※ 提到，發生分叉的情況就會採納較長的區塊鏈。

※ https://bitcoin.org/bitcoin.pdf

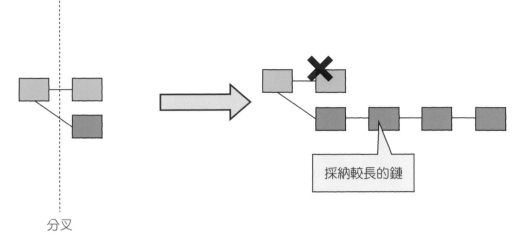

採納較長的鏈

分叉

圖 4.17　分叉

4.3.5　創世區塊與區塊的高度

區塊具有前一個區塊之區塊頭的雜湊值，不過最前端的區塊、也就是最初形成的區塊呢？

實際上，第一個區塊被稱作**創世區塊**，是特殊的區塊，無法再繼續往前回溯。而連接著鏈的所有區塊都是根據從創世區塊算起的第幾個區塊來標上**高度**編號（圖 4.18），創世區塊是高度 0，下一個區塊是高度 1、高度 2⋯⋯如此延續下去。

實際在處理區塊鏈上的區塊時，雖然也會用區塊的雜湊，不過高度也能夠顯示位置。正如分叉的例子，雖然不同的區塊可暫時存在同一個高度上，但具有相同雜湊值的不同區塊是不可能存在的。

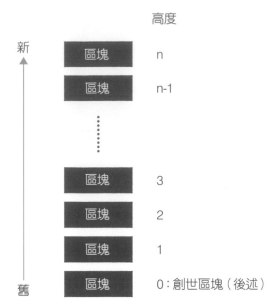

圖 4.18　高度

 Column

比特幣的開始日

比特幣的創世區塊，能夠在 Blockchain Explorer 等平台上查看。這個區塊是在 2009 年 1 月 4 日早上 3 點 15 分形成，因此比特幣實際開始是在這一天以後。

・https://www.blockchain.com/btc/block/0

似乎是為了證明這一點，在創世區塊上包含一篇在 2019 年 1 月 3 日刊登在《泰晤士報》的頭版文章「The Times 03/Jan/2009 Chancellor on brink of second bailout for banks」，而其中「英國財政部長將對銀行進行第二次的資金援助」這個標題證明了比特幣是 2009 年 1 月 3 日以後問世的，同時也嘲諷了政府出資援助銀行一事。

第 5 章

加密——密碼與雜湊

區塊鏈運用「密碼」與「雜湊」的技術來保護重要的價值。本章我們就來瞭解具體的內容。只不過，本章提及的內容僅為區塊鏈加密技術的概觀，更詳細的資訊請參考書末的參考文獻。

5.1 什麼是加密？

加密（encryption）就是針對某份檔案用金鑰進行固定的計算，使檔案成為他人無法閱讀的形式和內容（圖 5.1）。同時，加密前「原本的資訊」稱作**明文**（plaintext），加密後的資訊稱作**密文**（ciphertext）。而用**鑰匙**（key）將密文恢復成明文的過程稱作**解碼**（decryption）。

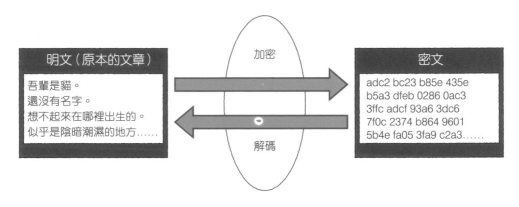

圖 5.1　加密／解碼

5.1.1　共用金鑰密碼與公開金鑰密碼

用來進行加密的計算方式，就叫做**密碼演算法**（cryptographic algorithms）。

密碼演算法，分成如圖 5.2 所示的**共用金鑰密碼**（shared key cryptosystem），即加密與解碼用同一個鑰匙（私密金鑰）。以及如圖 5.3 所示的**公開金鑰密碼**（public-key cryptosystem），即「金鑰配對」，用成對的金鑰進行加密與解碼。

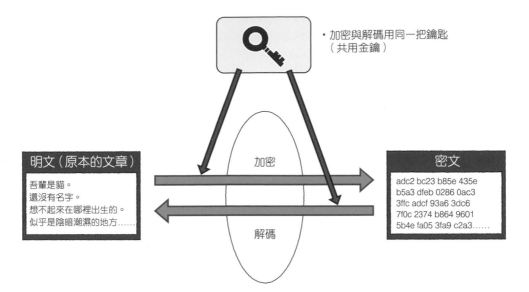

圖 5.2　共用金鑰的示意圖

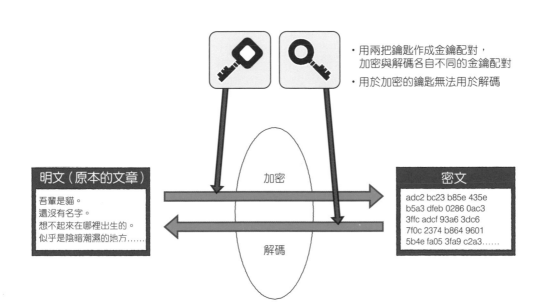

圖 5.3　公開金鑰的示意圖

若為公開金鑰加密，金鑰配對的其中一把稱為**公開金鑰**，交給通訊對象讓對方用於（公開）加密，自己則用手中持有的**私密金鑰**解碼。這麼一來，加密的文章就只有「持有私密金鑰的特定人士」才能夠閱讀。

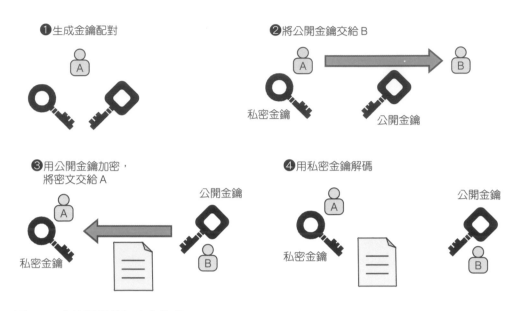

圖 5.4　金鑰配對的加密與解碼

共用金鑰的優勢在於比公開金鑰的處理速度快，因此，常被用來加密大量的資料。但是，其缺點在於共用金鑰的處理比較麻煩，像是必須為與之進行通訊的每一方準備一個共用金鑰（圖 5.5）。

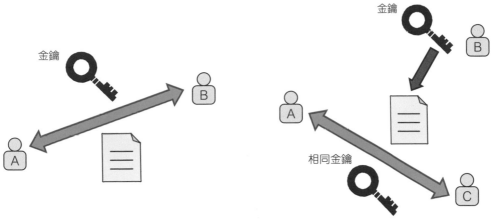

・用同樣鑰匙的密碼全都解碼了
・難以管理鑰匙

圖 5.5 共用金鑰密碼的缺點

公開金鑰密碼的方式中，只有製作金鑰配對的人能夠持有私密金鑰，由於能夠將公開金鑰交給通訊對象，因此容易共有鑰匙（圖 5.6），不過，這樣做會有運算資源龐大、處理速度低落的缺點。

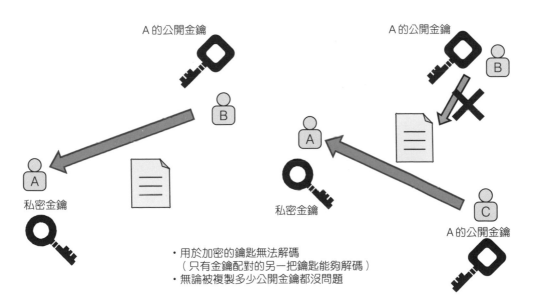

・用於加密的鑰匙無法解碼
　（只有金鑰配對的另一把鑰匙能夠解碼）
・無論被複製多少公開金鑰都沒問題

圖 5.6 公開金鑰密碼中鑰匙的共有

混合式密碼

由於共用金鑰密碼、公開金鑰密碼各有優缺點，因此可以將它們各自的優點，加以組合應用。例如，網頁伺服器所用的 SSL、TLS 等加密通訊，可運用以下的方法。

① 將共用密鑰的密碼以公開金鑰加密，並與公開密鑰交換
② 將資料本身用共用金鑰加密、解碼

由於共用金鑰是暫時性的，在這種架構之下，即使鑰匙外流，也不會出現損害。

5.1.2　加密強度

將某個密碼用「效率最佳的演算法」破解時，所需的運算資源（時間）稱作**密碼強度**。需要的計算時間越長，表示密碼強度越高，越能夠被視為「安全的密碼」。

5.1.3　區塊密碼與串流密碼

密碼演算法依據每次處理的資料大小分成「區塊密碼」與「串流密碼」。

區塊密碼（block cipher）指將特定位元數（區塊大小）的資料彙整一次處理的加密演算法。在 5.2 節後述的 DES 為 64 位元，AES 為 128 位元所進行的加密。而**串流密碼**（stream cipher）指按照每個位元順序（或每位元組）處理串流（資料的序列）的加密演算法。

串流密碼可以處理任何大小的資料，但只要處理的資料與區塊大小不一致時，就需要額外的加工。例如區塊大小較小的資料，不夠的部分就用稱作**填充**（padding）的資料填補，以符合區塊大小。

如果資料大於區塊大小，則會依區塊大小分別進行處理（當然，最後的區塊大小較小的話，則會插入填充）。此時，**ECB、CBC 模式**就會決定該如何處理多個區塊。

ECB 模式

ECB 模式（Electronic CodeBook mode：電子編碼模式）指將明文的區塊各自用同一個鑰匙加密的方法。因此，明文的區塊能夠直接應對密文的區塊（圖 5.7）。

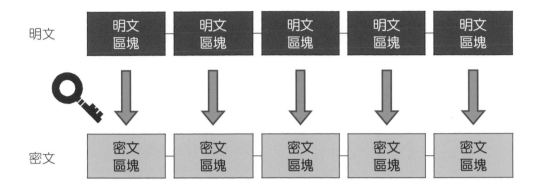

- 明文與密文的區塊之間是一對一的對應關係
- 同樣內容的明文區塊形成同樣內容的密文區塊

圖 5.7　ECB 模式

雖然這是最為簡單的方法，但因為相同的明文會形成相同的密文，因此可能被濫用於反覆攻擊，而且，也可以藉由分析同樣模式的出現次數而進行破解，因此，安全程度最低，應該盡可能避免使用。

CBC 模式

CBC 模式（Cipher Block Chaining mode：加密區塊鏈接模式）指用 XOR（exclusive or）運算明文與前一個密文區塊，將結果加密後形成密文區塊。用 CBC 模式的話，即使區塊和明文一樣，由於反映了前一個區塊的內容，因此會產生相異的密文（圖 5.8）。

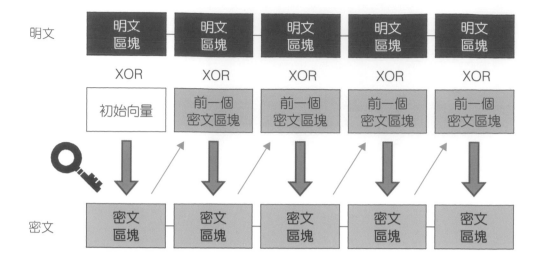

明文

密文

- 用 XOR 運算加密明文區塊與前一個密文區塊
- 最前端區塊進行初始向量（IV）XOR 運算
- 即便是同樣內容的明文區塊也會產生不同內容的密文區塊

圖 5.8　CBC 模式

另外，由於第一個區塊沒有前一個區塊，因此使用名為**初始向量**（IV：Initialization Vector）的虛擬資料，也是 CBC 模式的特性。當然，解碼時不僅要有鑰匙，初始向量也必須正確。

雖然 CBC 模式的安全性比 ECB 模式高，但由於必須從最前端按照順序加密，因此有無法平行處理資料的缺點。

初始向量在加密時必須使用不同的資料，因此在最初決定初始向量時，也可以使用隨機產生的亂數。

 Column

區塊密碼的模式

區塊密碼的模式除了前面提到的 ECB 模式、CBC 模式外，還有 CFB 模式（Cipher-FeedBack mode：密碼回饋模式）、OFB 模式（Output-FeedBack mode：輸出回饋模式）、CTR 模式（CounTeR mode：計數器模式）等方式。

5.2 || 各種不同密碼的演算法

那麼，接著我們來更進一步瞭解實際上使用的加密演算法。以下是加密演算法之中較知名的類型。

- **DES**（Data Encryption Standard）：過去美國政府所用的標準密碼
- **AES**（Advanced Encryption Standard）：現在美國政府所用的標準密碼
- **RSA**（Rivest-Shamir-Adleman cryptosystem）：公開金鑰密碼基礎的加密法
- **橢圓曲線密碼**（ECC：Elliptic Curve Cryptography）：用更短的密碼鑰匙獲得高強度的密碼，由於加密和解密的運算資源較低，因此常用於區塊鏈上

5.2.1 DES 和 AES：共用金鑰密碼

首先說明基準的標準密碼 DES 與 AES。這些密碼是用同一把鑰匙（**共用金鑰：shared key**）加密與解碼（**共用金鑰方式**。圖 5.9）。

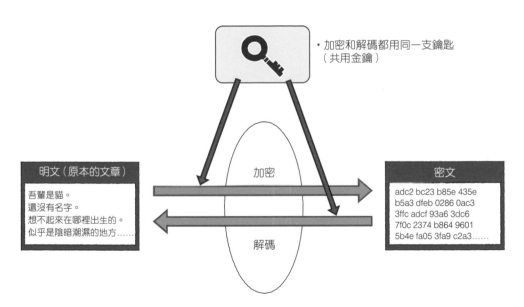

圖 5.9　共用金鑰密碼的示意圖（同圖 5.2）

DES

DES 是 1970 年美國國務院制定的美國政府的標準密碼。

DES 的輸入及輸出資料的區塊長為 64 位元，且鑰匙長為 56 位元。但是，由於鑰匙內有同位（parity）值 8 位元，因此實際上是當作 64 位元看待。

 Column

DES 的演算法

下述為 DES 的加密流程。此處雖然不會講解細節，但你可以看到它是使用從鑰匙計算的 16 個「輔助鑰匙」，反覆進行 16 列的處理。

① 將輸入資料 64 位元遵從 IP 表作初期轉換
② 將初期轉換的資料分割成上位 32 位元與下位 32 位元
③ 將分割後的下位 32 位元擴充成 48 位元
④ 用 64 位元的鑰匙產生 48 位元（輔助鑰匙）
⑤ 用 XOR 計算③與④的值
⑥ 將⑤的結果分割成 8 個 6 位元，各自轉換成 8 個 4 位元
⑦ 將⑥的結果轉換成 32 位元（上位 32 位元）
⑧ 將⑦的結果與上位 32 位元的 XOR 計算
⑨ 將⑧的結果的上位 32 位元當作下一列的下位 32 位元，
　　將下位 32 位元當作下一列的上位 32 位元
⑩ 反覆執行 16 次③到⑨的步驟
⑪ 將反覆執行 16 次的結果的 64 位元逆轉換，
　　將這個逆轉換結果的 64 位元輸出

想更進一步理解各加密演算法，可參考這些書籍：《密碼技術的全貌（暫譯）》（IPUSIRON 著，翔泳社出版）、《現代密碼的誕生與發展（暫譯）》（岡本龍名著，近代科學社出版）、《密碼理論與橢圓曲線（暫譯）》（辻井重男、笠原正雄編著，森本出版株式會社出版）。

DES 是 UNIX 開發當初用於密碼加密的演算法。隨著電腦的進步，解碼的危險性增加，因此開始用**三重資料加密演算法**（Triple DES），即由 DES 反覆進行三次的加密而形成複雜的密文。

DES 小故事

DES 的金鑰長度，原本 IBM 公司當初提案 64 位元，但制定時變成 56 位元。

説到 56 位元，用 ASCII 碼（每字元 7bit）有 8 個字元的長度，DES 的這個規格，可説是過去 UNIX 所用的「密碼長度為 8 個字元」的根據。當然現在的 UNIX 和 Linux 將密碼加密時不會用到 DES，因此能夠運用更長的密碼。

根據未經證實的傳言，NSA（美國國家安全局）似乎有介入 DES 的制定過程。就算 NSA 的介入只是傳聞，基於國家安全保障的理由，DES 長期以來一直都被列為從美國出口規範的對象。因此在當時的 UNIX 原始碼中，DES 實際的程式分為 International（國際）版與 Domestic（美國國內）版兩種，例如進口日本的原始碼就屬於 International 版。此規範雖然在 2000 年左右放寬，但目前依然尚未完全開放。

同樣被列為出口規範對象的密碼，尚有 Philip R.Zimmermann Jr. 開發的知名電子郵件加密軟體 PGP（Pretty Good Privacy）。據説 PGP 也是密碼規範的對象，不被允許出口，但原始碼的書籍有出版上市，並合法銷往海外。

AES

由於電腦運算能力的提升，解讀 DES 的加密資料變容易了。實際上，在 1999 年年初，RSA Security 公司舉辦了一場解碼競賽，當時使用暴力破解法花費了 22 小時 15 分成功解碼。

表 5.1 是從第一次到第四次解碼競賽的結果。「DESCracker」是 1998 年以電子前鋒基金會（Electronic Frontier Foundation）為中心，為了證明 DES 的安全性並不足夠而開發的 DES 解碼專用機器。

表 5.1　DES 解碼競賽的結果

	競賽開始日	解碼方法	平均金鑰驗證個數／秒	解碼時間（對於整體金鑰的驗證金鑰個數比）
第一次	1997/1/28	約 1 萬台電腦	約 17 億個	約 140 天（約 25%）
第二次	1998/1/13	約 4 萬台電腦	約 184 億個	約 40 天（約 88%）
第三次	1998/7/13	DES Cracker	約 888 億個	約 56 小時（約 25%）
第四次	1999/1/18	DES Cracker ＋ 10 萬台電腦	約 2450 億個	22 小時 15 分（約 27%）

※ 出處：〈電子政府資訊化事業 關於未來密碼技術安全性要件調查調查報告書〉獨立行政法人
　　　資訊處理促進機構（IPA）
　　　https://www.ipa.go.jp/security/fy15/reports/crypt_requirement/documents/
　　　crypt_requirement.pdf

DES 的規格在制定時，就有人擔心 56 位元金鑰長度的安全性並不足夠，而這個擔憂也成為現實，它很容易被暴力破解。

有鑑於 DES 如此的高風險性，美國國家標準技術協會（NIST：National Institute for Standards and Technology）於 1999 年公開招募 DES 後繼的標準密碼，向全球各地募集到 21 種演算法，並花費三年進行審查，結果在 2000 年 10 月，由比利時的學生 Rijmen 與 Daemen 提出的 Rijndael 被選為 AES，也就是 FIPS PUB 197 Advanced Encryption Standard（**AES**）。

AES 的論文被公開，現在依然是網際網路上加密時經常使用的演算法之一。

・FIPS PUB 197 2001/11/26 Advanced Encryption Standard（AES）
　https://nvlpubs.nist.gov/nistpubs/FIPS/NIST.FIPS.197.pdf

AES 的規格為：

・資料的區塊長度為 128 位元
・金鑰長度為 128 位元、192 位元、256 位元其中一種

Column

AES 的演算法

在此簡單說明一下 AES 的處理過程。每一組 128 位元的資料，會按照「SubByte」、「ShiftRows」、「MixColumns」、「AddRoundKey」等四個處理流程執行，生成 128 位元的密文。

① SubByte 用 S-box（替換表）將 128 位元（16 位元組）的資料依每一位元組轉換（換字）

② ShiftRow 用 $S'_{r,c}=S_{r,(c+shift(r,Nb))\ mod\ Nb}$ 的運算執行轉換

③ MixColumns 將每 4 位元組執行多文字轉換

④ AddRoundKey 用 XOR 運算圓形鍵（round key）加密

因應三種金鑰長度，反覆執行以下其中一種工作處理的次數，運算的結果最後將成為密文。

· 10 次（金鑰長度 128 位元）
· 12 次（金鑰長度 192 位元）
· 14 次（金鑰長度 256 位元）

運用 AES 加密的例子

運用開放原始碼軟體 openssl，能夠用命令行簡單地使用 AES 進行加密。底下的命令是用檔案 wagahai.txt 將 AES（金鑰長度 256 位元）的 CBC 模式用於加密的例子。

```
$ openssl aes-256-cbc -e -in wagahai.txt
```

5.2.2 　RSA：公開金鑰密碼

RSA 密碼是羅納德里韋斯特（Ronald L. Rivest）、艾迪薩默爾（AdiShamir）、雷納德阿德曼（Leonard Adleman）發明的公開金鑰密碼，名稱來自於三位發明者名字的第一個字母。

- A Method for Obtaining Digital Signatures and Public-Key crypto systems
  https://people.csail.mit.edu/rivest/Rsapaper.pdf

RSA 密碼運用因數分解的計算方法來形成公開金鑰與私密金鑰的配對，是現在受到廣泛使用的 **PKI（Public Key Infrastructure：公開金鑰基礎結構）** 的基礎（圖 5.10）。

根據因數分解的性質，既有演算法無法輕易找出質因數。而數量越龐大（金鑰長度，即位元寬度），解碼需花費更龐大的時間，因此「（現實中）安全」。

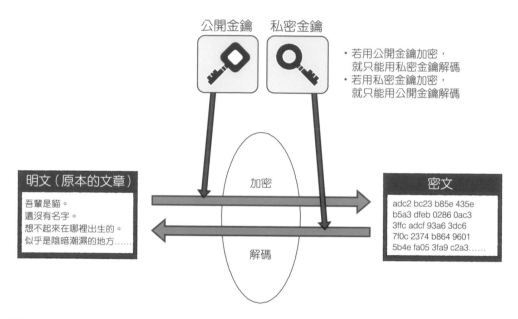

圖 5.10　RSA 的公開金鑰密碼

RSA 密碼為公開金鑰密碼，用公開金鑰與私密金鑰的其中一種加密明文，將密文用另一隻金鑰解碼，能夠生成明文（圖 5.11）。

但是，

- 私密金鑰能夠形成公開金鑰
- 公開金鑰無法生成私密金鑰

因此，私密金鑰應該如其名妥善放在身邊保管，絕對不可以洩漏給其他人。

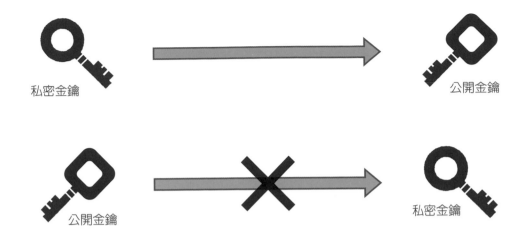

雖然私密金鑰能夠形成公開金鑰，
公開金鑰卻無法生成私密金鑰

圖 5.11　公開金鑰與私密金鑰的關係

加密時用公開金鑰，解碼時用私密金鑰的方法是用在「密文只傳送給特定人士」，可運用在電子郵件等方面（圖 5.12）。

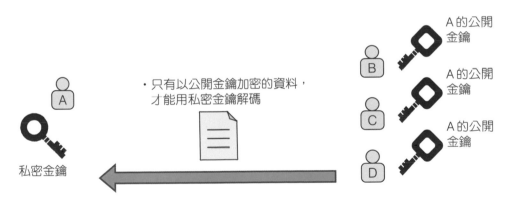

圖 5.12　加密時用公開金鑰，解碼時用私密金鑰

基於類似的理由，使用私密金鑰加密，透過公開金鑰解密的做法也被應用於後面介紹的電子簽名，因為它可以證明「這是擁有私密金鑰的特定人士所做的加密」。

Column

用 openssl 生成金鑰配對

使用 opnessl 時，你可以透過以下的指令建立一組私密金鑰，然後再用這組私密金鑰建立公開金鑰。基於安全考量，密碼長度至少是 2048 位元，底下的指令就將密碼長度設為 2048 位元。

```
$ openssl genrsa 2048 >key.priv
$ openssl rsa -pubout <key.priv >key.pub
```

5.3 ‖ 雜湊與簽名

加密的目的之一，就是「不讓不相干的人看到內容」。實際上，加密就是基於這種目的，作為交給對方資料的方法而使用。但其實為了證明「這真的是那個人所寫的內容」也會用到加密技術，這種證明資料來源的方法就叫做**簽名**。

不過，使用密碼的簽名中也會用到雜湊這種技術，所以我們先來了解「什麼是雜湊值」吧！

5.3.1 ‖ 雜湊函數與雜湊值

雜湊值指透過**雜湊函數**這種特殊的函數而獲得的值，也稱做雜湊（圖 5.13）。

雜湊函數具有以下特性：

- ·傳回一個輸入值的特定值
- ·相同的輸入值，絕對會得到相同的數值
- ·無論輸入何種數值，都會得到一樣的位元數（固定長度）
- ·與密碼演算法相比，所需的運算資源較低

一般而言，雜湊函數最重要的特性，就是「稍微變動原本的資料，雜湊值就會大幅改變」。

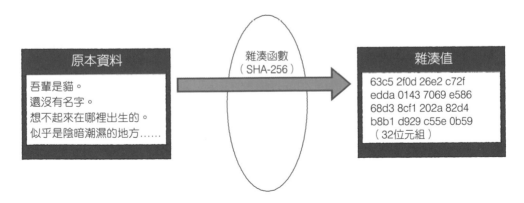

圖 5.13　雜湊函數與雜湊值

雜湊函數的比較

表 5.2 為比特幣等區塊鏈所使用的主要雜湊函數。

表 5.2　各種不同的雜湊函數

雜湊函數	輸出大小
SHA-256	256 位元（32 位元組）
SHA-512	512 位元（64 位元組）
RIPEMD-160	160 位元（20 位元組）

單向性

雖然從原本的資料能夠容易求得雜湊值，但從雜湊值無法求得原本的資料。這種特性叫做雜湊函數的**單向性**（圖 5.14）。

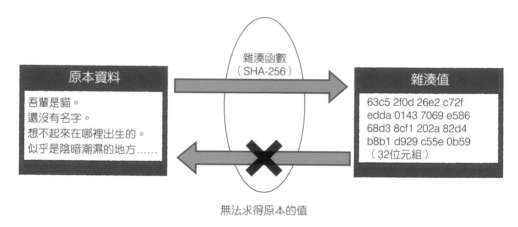

圖 5.14　雜湊函數的單向性

由於具有單向性這種特性，雜湊值也用於密碼的保管。如果直接保存密碼，就有遭到破解而被濫用的可能，但如果只保存雜湊值，就無法獲得原本的密碼，因此更加安全。

雜湊值的衝撞與資料竄改的發現

若用雜湊函數輸入相同內容，則會獲得相同的輸出內容。而若輸入不同的內容，通常都會得到不同的內容。

在極其少見的情況下，輸入不同的內容會得到同樣的輸出結果，這種情況叫做**雜湊碰撞**（collision）（圖 5.15）。無論輸入何種大小的資料，輸出的資料大小都是一定的，因此無法避免碰撞的發生，但實際上來說，目前使用的主要雜湊函數，「不同資料的組合產生出同樣的雜湊值」的可能性非常低。因此，雜湊函數可以用來檢查資料是否遭到竄改。

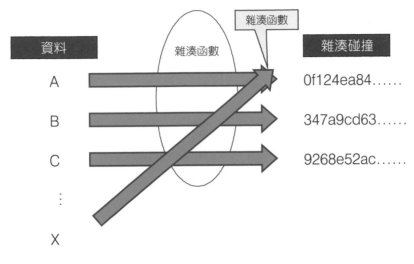

圖 5.15　雜湊碰撞

Column

MD5

研究指出，過去廣泛被使用的雜湊演算法 MD5 中，有可能產生雜湊碰撞的資料。因此，MD5 已經被視為安全性不高的雜湊函數。

在 CRYPTREC（日本官方成立的密碼學研究和評估委員會）的「TLS 密碼設定指南」Ver.3.0.1 中，明確指出「禁止使用」MD5。

比特幣的挖礦與雜湊

接著介紹第 4 章提及的比特幣**挖礦**與**隨機值**，當作雜湊函數的運用例子。

如前所述，比特幣中由交易生成區塊時，會執行**挖礦**處理。比特幣的挖礦是「雜湊值的計算」，在網路上反覆進行每秒 160peta- 雜湊（每 peta- 為 1000 兆）以上運算結果，調整難易度在 10 分鐘內找到答案（雜湊值比難度低）。

在第 4 章也講解過，挖礦新區塊時會進行雜湊值的運算，實際上此時是運算「區塊頭的雜湊值」。區塊頭中包含以下內容：

- ·最前端區塊的雜湊值
- ·梅克爾根：表示整個交易的雜湊值
- ·隨機值

隨機值會不斷改變，直到找到答案為止。

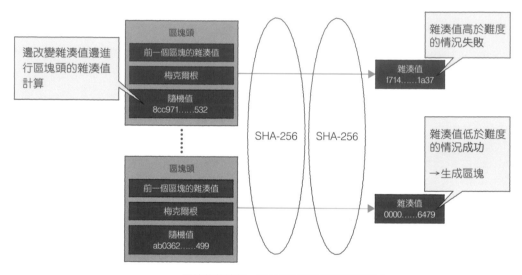

圖 5.16　比特幣的挖礦

另外，如圖 5.16 所示，區塊頭的雜湊值為：

SHA-256(SHA-256(區塊頭))

是將 SHA-256 雙重計算後的值。

5.3.2　簽名

現在我們回到簽名。

簽名具有以下意義：

・無法竄改資料
・資料的發件者就是簽名者本人

首先，來瞭解某個資料的發件人（A）執行簽名的流程（圖 5.17）。

①求原本資料的雜湊值。雜湊值是遵從演算法的特定位元數
②用私密金鑰將雜湊值加密。加密後的雜湊值就是「簽名」
③用電子郵件等將原本的資料與簽名一起交給收件人

收件人可經由下述流程驗證用簽名傳送而來的資料（圖 5.18）。

①用簽名者（寄件人）的公開金鑰，將加密後的簽名解密
②從原本的資料計算雜湊值，與解密後的簽名獲得的雜湊值比較、驗證

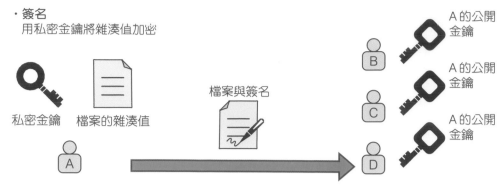

・簽名
　用私密金鑰將雜湊值加密

私密金鑰　　檔案的雜湊值

檔案與簽名

A 的公開
金鑰

A 的公開
金鑰

A 的公開
金鑰

・用公開金鑰能夠將用私密金鑰
　加密的簽名解碼、驗證

圖 5.17　進行簽名的流程

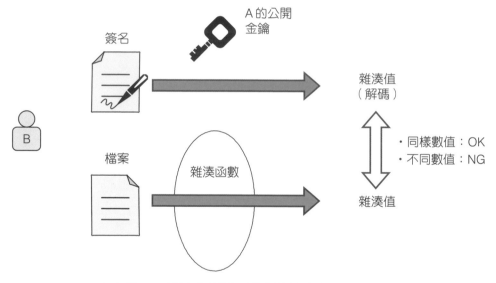

簽名

A 的公開
金鑰

檔案

雜湊函數

雜湊值
（解碼）

・同樣數值：OK
・不同數值：NG

雜湊值

・本人性：A 就是「傳送公開金鑰的當事人」
・非竄改性：檔案沒有被竄改

因此得以確認

圖 5.18　確認簽名的流程

驗證後，若「計算後的雜湊值」與「收到的雜湊值」相同，就能夠確認原本的資料沒有受到竄改。由於簽名時用到雜湊函數，因此就算只稍微竄改也很容易被檢測出來。

同時，也能夠驗證簽名是用只有寄件人持有的私密金鑰加密的。也就是說，持有私密金鑰的特定人物才能簽名。

常見的加密與簽名的例子：HTTPS

在日常中最常見到的加密與簽名應用，就是瀏覽網頁時用到的 HTTPS（Hyper Text Transfer Protocol Secure）。

HTTPS 中的加密通訊方式為 SSL，進行加密通訊時為了驗證「為正確的網頁伺服器」，用到伺服器憑證。這種伺服器憑證是基於 PKI 加密方式，用稱作**中心化**的系統進行管理。

5.3.3 憑證

分享公開金鑰的方法很多，其中一種方法就是「傳送憑證」。憑證中也含有公開金鑰，能夠用在簽名的驗證上。

伺服器憑證

1. 網頁伺服器的資訊
   - 名稱（common name）
   - 組織名（organization name）
   - 部署名（organization unit）
   - 市區町村（locality）
   - 都道府縣（state）
   - 國家代碼（country）
2. 網頁伺服器的公開金鑰
3. 憑證發行機構名稱
4. 發行機構的電子簽名
5. 有效期間
6. 憑證的基本資訊
   - 版本
   - 序號
   - 電子簽名的加密形式

圖 5.19　憑證的內容

圖 5.19 是一個簡化版本的「X.509」，裡頭包含「憑證的發行人」（Issuer）、「憑證的有效期限」（Validity）、「證明對象的名稱」（Subject）。

特別是 Subject 和 Issuer 記載的名稱為識別名稱（DN：Distinguished Name），其要素與意思詳見表 5.3。

表 5.3　識別名稱（DN）的要素與意思

要素	意思
C（Country）	國家名稱
O（Organization）	組織名稱
OU（Organizational Unit）	部門名稱
CN（Common Name）	一般名稱

X.509 是訂定 PKI 的電子憑證及憑證撤銷清單（CRL：Certificate RevocationList）資料形式的標準規格。原本是 ITU-T（國際電信聯盟和電信標準化中心）作為 X.500 系列而標準化的規格，由 IETF 小組基於 1997 年發行的第 3 版，在 1999 年發行 RFC，其後在 2008 年修訂為 RFC 5280。

根憑證和憑證授權單位

一般瀏覽器一開始就持有「確實且能夠安心信任」的憑證，即**根憑證**。HTTPS 中，這種根憑證經由能夠信任的授權單位（**CA**: Certificate Authority），最後證明網頁伺服器持有的憑證有效性（圖 5.20）。

圖 5.21 為 github.com 的憑證，我們以它作為實際憑證的例子，這裡將根憑證作為「DigiCert」表示，如下述形式：

- 「DigiCert」為「DigiCert SHA2 High Assurance Server CA」認證
- 「DigiCert SHA2 High Assurance Server CA」為「github.com」認證

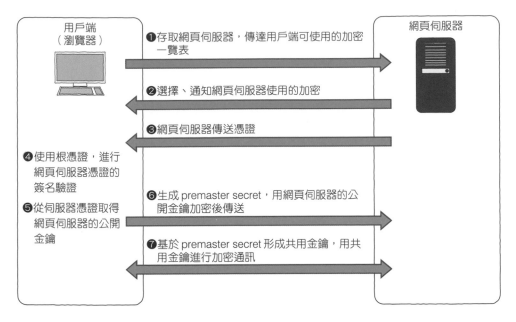

圖 5.20　從根到網頁伺服器憑證為止的證明流程

圖 5.21　github.com 的憑證

持有根憑證的授權單位下方的單位，稱作**中繼憑證授權單位**。PKI 方式憑證的架構是由原始的授權單位認證中繼憑證授權單位的憑證，中繼憑證授權單位在最後認證伺服器憑證，以證明伺服器憑證的正當性（圖 5.22）。

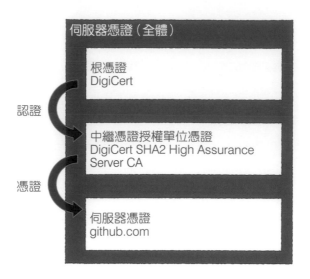

圖 5.22　中繼憑證授權單位

 Column

SSL/TLS

SSL（Secure Sockets Layer）是網景（Netscape）所開發的安全通訊協定。
SSL2.0 在 1995 年發布後，很快地被發現安全漏洞，並於 1996 年發布 SSL3.0。
之後為了解決供應商之間的相容性，IETF（Internet Engineering Task Force）基
於 SSL3.0 制定了 TLS1.0（TransportLayer Security Protocol Version 1.0），其
後經過 TLS1.1、TLS1.2，在 2018 年 TLS1.3 作為 RFC 8446 問世。

由於 SSL2.0、SSL3.0 及 TLS1.1 為止的版本發現安全漏洞，因此現在建議使用
TLS1.2 以上的版本。

5.4 ║ 比特幣的加密與簽名

理解用於加密與雜湊值的簽名之後，我們接著來深入瞭解區塊鏈中加密與簽名的運用。

5.4.1 比特幣位址

在比特幣這類的區塊鏈中，使用隨機產生的 256 位元數值作為私密金鑰。256 位元為 32 位元組，以 16 進位表示會有 64 位數。

從這種私密金鑰，將美國國家標準技術研究所（NIST）視為標準而制定且定義的橢這個私密金鑰的公開金鑰是以一個叫做 **secp256k1** 的橢圓曲線常數計算出來的，這個常數是由美國國家標準技術研究所（NIST）所開發制定的標準。

橢圓曲線密碼

橢圓曲線密碼（ECC：Ecliptic Curve Cryptography）是用方程式 $y^2 = x^3 + ax + b$ 所定義的平面曲線。然而，由於無法直接當作實數用電腦計算，囚此實際上是以 $y^2 = x^3 + ax + b$（mod p），用 p 去除之後的同餘（模：modulo）計算。此時 p 被稱為特徵代數，是非常大的數字。

橢圓曲線密碼運用了解開橢圓離散對數問題的困難度來達到難以破解的效果。我們來看一個雖然不是橢圓、但跟離散對數有關的問題：「若將 11 設為除數，2 要幾次方，才能夠得到餘數為 1 的結果呢？」

結果如下：

```
2^1 mod 11 = 2
2^2 mod 11 = 4
2^3 mod 11 = 8
2^4 mod 11 = 5
2^5 mod 11 = 10
2^6 mod 11 = 9
2^7 mod 11 = 7
2^8 mod 11 = 3
2^9 mod 11 = 6
2^10 mod 11 = 1
```

最後是 2 的 10 次方可以得到餘數為 1 的結果，由於目前的數學尚未發現這類問題的有效率解法，因此只能一一計算確認。

剛剛提到的橢圓方程式的情況也一樣，只能反覆進行計算。因此，若特徵代數為 256 位元的大小，目前即便用超級電腦也無法解開。

比特幣位址的計算

公開金鑰能夠用來計算**比特幣位址**。比特幣中的位址是交易的收件人，其值（文字串）已經對外公開。

圖 5.23 為生成比特幣位址的演算法。由公開金鑰運算 SHA-256 的雜湊值，接著運算 RIPEMD-160 的雜湊值（160 位元）為位址。

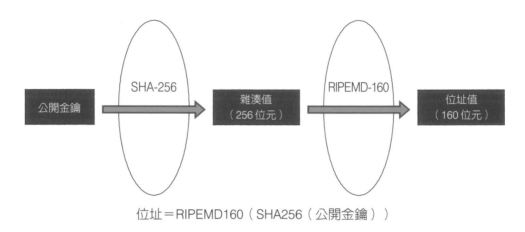

位址＝RIPEMD160（SHA256（公開金鑰））

圖 5.23　位址的生成演算法

Base58Check

比特幣中，比特幣位址以 **Base58Check** 的形式形成文字串（編碼）。Base58Check 是將數值（二進位）的比特幣位址做成 Base58 編碼，附加 Checksum（檢查錯誤用的資料）。

Base58 編碼是為了比特幣而開發出的編碼演算法，是在網際網路上廣泛使用的 **Base64** 編碼（將二進位資料用 A～Z／a～z／0～9 和「＋」「／」，共 64 種與「＝」文字表示的方法），排除了「＋」「／」和容易混淆的四個字母「0（零）」、「O（大寫字母）」、「I（大寫字母）」與「l（小寫字母）」的程式（圖 5.24）。

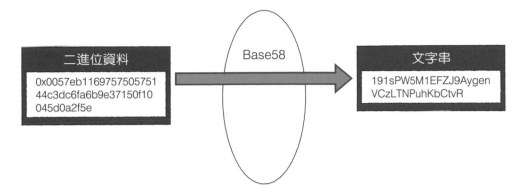

圖 5.24　Base58 轉換的範例

在總和檢查碼計算之前，在位址上附加被稱作前綴的 1 位元組資料。前綴附加在位址的前端，若為比特幣位址（公開金鑰的雜湊）則為 0x00，若為私密金鑰則為 0x80。

透過總和檢查碼可輕易識別比特幣位址的錯誤，使用時更加安全。總和檢查碼是對於附加前綴的位址進行二次 SHA256 計算的結果（32 位元）（圖 5.25）。

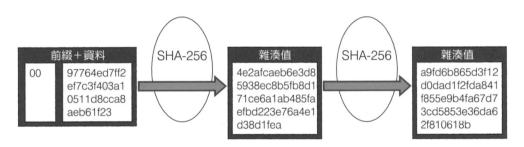

總和檢查碼＝SHA256（SHA256（前綴＋資料））

圖 5.25　總和檢查碼

前四個位元組被附加到位址值的末端，最後一個位元組被編碼為 Base58，編碼之後的字串，就是用於公開的比特幣位址。

這是一個單向函數

在比特幣位址的運算中，

- 能夠由私密金鑰運算公開金鑰
- 由公開金鑰形成比特幣位址

雖然能夠這樣做，卻無法反過來進行。這就是「單向函數」的特性，只要遺失私密金鑰就「回天乏術」了。因此，一定要小心保管私密金鑰。

第 6 章

形成共識

區塊鏈用來處理虛擬貨幣和資產等有價值的重要資訊。不過，比特幣和以太坊等代表性的公有鏈連接網路，能夠讓不特定多數的參與者運用。

這些使用者中也有人參與時心懷不軌，可能傳送透過竄改而不可信任的檔案，區塊鏈便運用**形成共識**的方式解決這種問題。

6.1 ‖ 什麼是形成共識？

如第 4 章所見，區塊鏈中虛擬貨幣「轉帳與收款」時，彙整無法分離的工作處理就是**交易**。接著生成彙整大量交易的**區塊**資料，傳送給所有的節點。但是，公有鏈的參與者是不特定多數者，從網路接收的資料，有可能是惡意使用者雙重使用過等「違規資料」。因此，並非直接信任、保存接收到的資料，而是由多個節點對每個區塊判斷「資料正確與否」（區塊的「驗證」）（圖 6.1）。

Column

區塊的驗證內容

比特幣中，進行區塊驗證時會進行以下的檢查：

- ・資料構造是否正確
- ・是否低於區塊頭的雜湊值難度
- ・區塊的時戳是否比節點的時間超前兩個小時以上
- ・區塊大小是否落在範圍內
- ・最初的交易是否為 COINBASE
- ・包含的所有交易是否「正確」

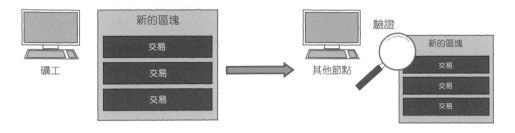

圖 6.1　區塊的驗證

驗證的結果，「正確」的區塊連接上鏈之後保存（圖 6.2）。像這樣，保存在各節點的
分散式帳本，是將同樣內容保存在所有節點的狀態，意即「**共識**形成的狀態」。像這
樣判斷「資料的正確性」而取得共識，就稱作區塊鏈的**形成共識**。

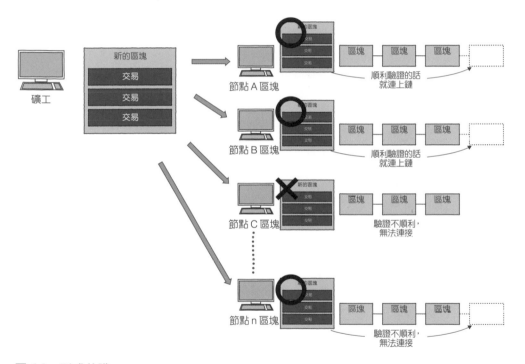

圖 6.2　形成共識

形成共識的演算法有各種不同的種類，如 PoW、PoI、PBFT 等。我們就以實際的區
塊鏈當作例子，來瞭解形成共識的方法。

6.2 ‖ PoW

比特幣所運用的就是稱作 **PoW**（Proof of Work）的形成共識演算法。

6.2.1　PoW 的摘要

本書提及多次，比特幣是礦工利用電腦算力反覆運算所產生的區塊，這就是**挖礦**。
產生出來的區塊，必須經過雜湊值的計算，雜湊值滿足「訂定的條件」（比難度更低
的值），才算是挖礦成功。成功之後，礦工會將挖礦成功的區塊資料傳送（廣播）給
其他所有節點（圖 6.3）。

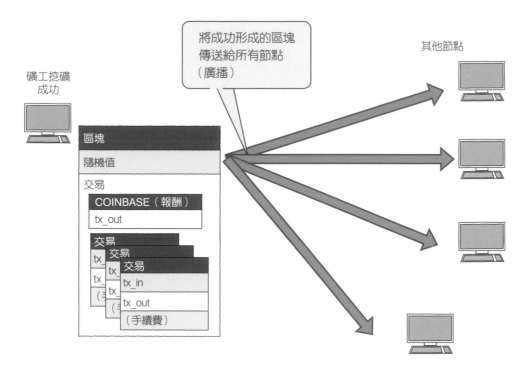

圖 6.3　在網路上進行挖礦的礦工節點

挖礦成功的礦工，可以獲得獎勵。這筆特殊交易就叫做〔COINBASE 交易〕。

Column

COINBASE 的報酬額與比特幣的發行總量

COINBASE 的報酬額從 50BTC 開始，每 21 萬個區塊就減半（這段期間稱作減半期）。由於比特幣的難度調整成「每 10 分鐘生成區塊」，因此減半期（21 萬個區塊）約為四年。

在撰寫本書時，比特幣正好來到減半期。具體而言是在 2020 年 5 月 12 日 4 點 23 分，因形成 63 萬個區塊而來到第三次減半期，報酬為 6.25BTC。順道一提，基於這種架構，在運作約 132 年後，也就是在 2140 年時，將沒有報酬。同時，過去透過挖礦生成的比特幣合計約 2100 萬 BTC，就是比特幣的發行總量。

另外，挖礦並不是由特定礦工執行的。實際上，如圖 6.4 所示，雖然多個礦工會對同一個區塊進行挖礦，不過，在接收到來自其他礦工的廣播時，礦工就會放棄對這個區塊的計算，開始對新的區塊進行挖礦。

PoW 的機制就是這種「透過執行挖礦而獲得報酬」，因此可期待「參與者善意執行正確的工作處理」。實際上，比特幣的運作已經超過 10 年，這段時間都沒有出現大型故障和異常。

然而要注意的是，這種架構的問題，形成共識的結果並不一定一致。同時出現相異的結果時，就會發生分叉的情況。若有多個區塊鏈分叉，則採納「較長的區塊鏈」，雖然最後將匯集而成，但終究只是「有機率的形成共識」。

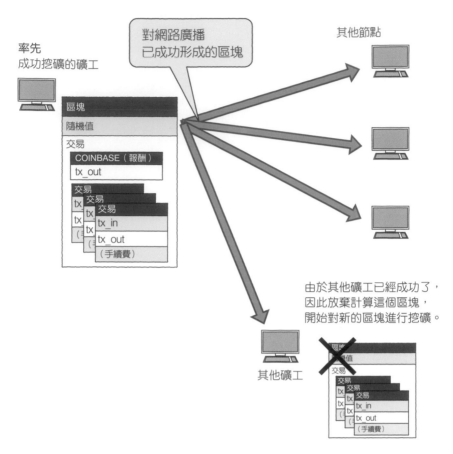

圖 6.4　多個礦工進行挖礦的情況

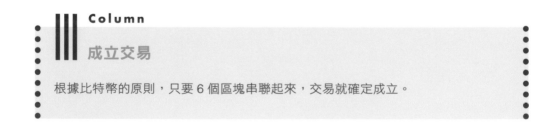

Column

成立交易

根據比特幣的原則，只要 6 個區塊串聯起來，交易就確定成立。

6.2.2 PoW 的問題

全球的礦工都在競爭挖礦可獲得的報酬,這個情況稱作**挖礦競爭**。在礦工的世界,使用效能更佳的電腦,用 GPU 運算,或用可計算雜湊值的 ASIC(特定應用積體電路:Application Specific Integrated Circuit),每一天都在快速進化。

同時,為了用大量電腦進行挖礦,電腦產生的熱和消費的電力也成為問題。

圖 6.5 是英國劍橋大學發表的比特幣整體所消耗的電力現況。根據這份資料,耗電量平均約 7.35GW。與可再生能源基金會網站上[※]能夠查到的 2019 年全球的電力生產量(約 27000TWh)相比,約 0.28% 用在比特幣的挖礦消費上。

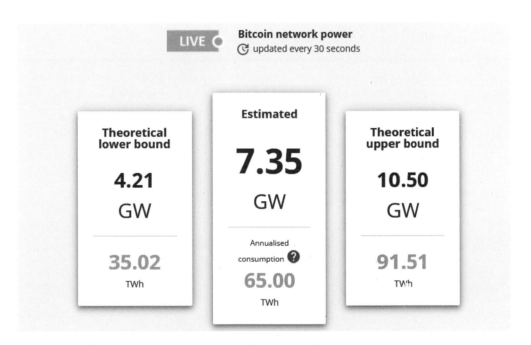

圖 6.5 比特幣的耗電量(資料來自英國劍橋大學的網站 https://www.cbeci.org/)

[※] https://www.renewable-ei.org/statistics/international/

隨著比特幣的價格飆漲而帶動的挖礦熱潮，可預期耗電量將逐漸增加。而且，這還只是統計比特幣的數字，如果列入其他採用 PoW 的數位貨幣（如現在的以太坊），耗電量勢必將更加龐大。

寡占市場的挖礦競爭

想要在採用 PoW 的挖礦競爭中脫穎而出獲得報酬，需要龐大的算力，個人參與挖礦的難度極高。此時，多人合作參與挖礦的架構便應運而生，這種多人合作挖礦的架構就叫做礦池。

在礦池中，對於該礦池的伺服器釋出的區塊頭進行挖礦，透過挖礦獲得的報酬，則依據礦工參與礦池的貢獻度分配。

圖 6.6 是公開在網路上的圖表[※]，可以看出礦池相對於整理比特幣總額運算資源的佔有率（雜湊比例分布）。

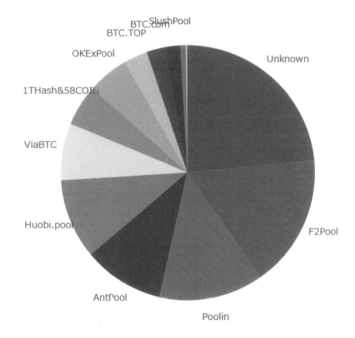

圖 6.6　雜湊比例分布（摘自 https://blockchain.com/charts/pools）

※　https://blockchain.com/charts/pools

雖然 Unknown（不明）佔最大的比例，但也可以看出有四個礦池的加總已經超過全體的 51%。從這個狀況來看，可說現在單人參與挖礦已經越來越不切實際了。

像這樣需要龐大的算力，正是 PoW 最大的問題。不過，我們也不能忽略，正是因為需要龐大的算力，所以它難以竄改，使得虛擬貨幣交易的可信任度大幅提升。

6.2.3 攻擊

區塊鏈使用 PoW 作為建立共識的演算法，由於運算高度複雜，所以具有可信度。不過，如「1.3.3 萌奈幣與 51% 攻擊」的內容所述，若有人持有整體 51% 以上的運算資源，就有可能進行竄改等違規的行為（圖 6.7）。

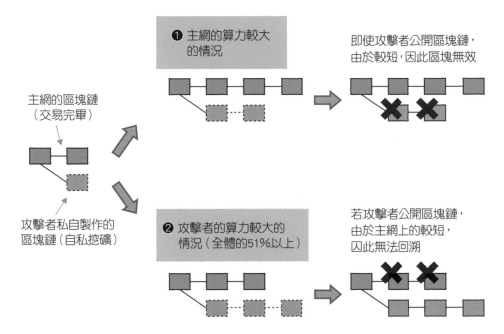

圖 6.7　51% 攻擊（同圖 1.16）

這些攻擊的起因是因為 PoW 不具有清算的功能，細節將在「6.5 拜占庭將軍問題與 PBFT」說明。

6.3 ‖ PoS

PoW 最大的問題就是龐大的耗電量，因此有人提出 **PoS**（Proof of Stake）演算法作為改善方案。簡單來說，PoS 演算法是「持有的虛擬貨幣量越多，越容易獲得交易許可」。

6.3.1 PoS 的架構

PoS 大致上分為下列兩類：

① 基於虛擬貨幣持有量
② 基於持有的幣齡

接著來更進一步瞭解各自的細節。

基於虛擬貨幣持有量的 PoS

這是 Next（NXT）使用的演算法。

如圖 6.8 所示，想要進行交易的節點必須投入代幣作為**股權**（stake）。投入的代幣在一定期間內會被圈存，無法自由提領。

進行交易許可的節點，是從所有股權中隨機挑選的，投入的股權越大，被選中的機率就越高（圖 6.9）。

結果，持有量越多，交易越容易被許可，容易收到報酬。

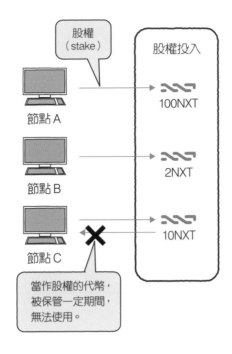

圖 6.8　股權投入

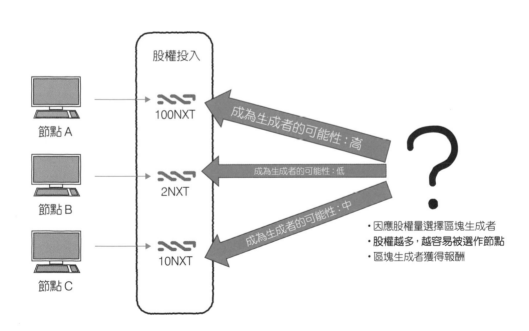

圖 6.9　基於股權額度的 PoS

基於持有的幣齡

如圖 6.10 所示，**幣齡**指持有貨幣持有量期間的加乘值。例如，節點 B 的 2ETH 持有 50 天的情況，幣齡如下：

2（ETH）x 50（日）= 100（ETH・日）

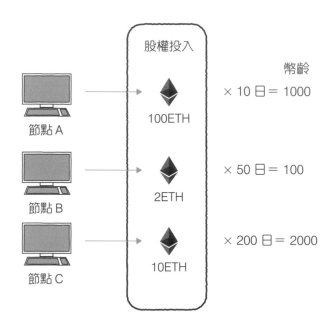

圖 6.10　幣齡

基於幣齡的 Pos 演算法，越長期持有越多的虛擬貨幣（幣齡增加），挖礦難度的值則依比例增加（變容易），因此成功挖礦的機率也將提升（圖 6.11）。

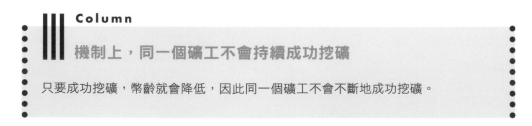

III Column

機制上，同一個礦工不會持續成功挖礦

只要成功挖礦，幣齡就會降低，因此同一個礦工不會不斷地成功挖礦。

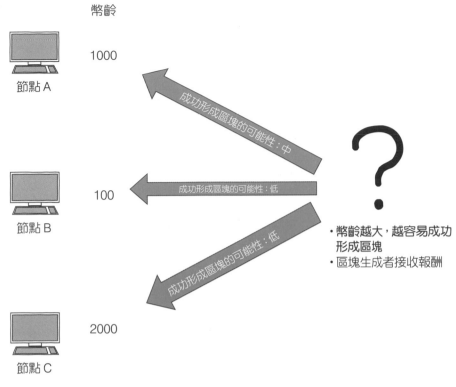

幣齡

1000

節點 A

成功形成區塊的可能性：中

成功形成區塊的可能性：低

100

節點 B

成功形成區塊的可能性：低

?

・幣齡越大，越容易成功
形成區塊
・區塊生成者接收報酬

2000

節點 C

圖 6.11　基於幣齡的 PoS

6.3.2　PoS 的優點

由於 PoS 演算法不需要太大的算力，與 PoW 相比，所需的運算資源較低。

同時，PoS 更難進行 PoW 中視為問題的 51％攻擊。若打算對 PoS 進行同樣的攻擊，除了運算資源，也必須持有大量的虛擬貨幣。若進行攻擊（成功了），將造成虛擬貨幣本身價值的降低，這麼一來，對於攻擊者本身也會造成不利（因為他所持有的虛擬貨幣也貶值了）（圖 6.12）。

形成共識的方法　　　　　51%攻擊的必備條件　　　　　51%攻擊的影響

· PoW

挖礦時的電腦資源

51%以上的
電腦資源

雖然交易紀錄被竄改了，
但對攻擊者本身的傷害有限

· PoS

股權代幣量

51%以上的
代幣持有量

由於代幣的價值降低，
因此攻擊者本身遭受更大的傷害

圖 6.12　PoS 中，無法順利執行 51%攻擊

6.3.3　運用 PoS 的區塊鏈

2012 年發布的點點幣以及 2013 年發布的未來幣，皆為運用 PoS 的代表性區塊鏈。

· **點點幣**：https://www.peercoin.net/
· **未來幣**：https://www.jelurida.com/nxt

以太坊當初也計畫將 PoW 轉變成 PoS，預計將在以太坊 2.0 中採納 PoS。

6.3.4　PoS 的問題

雖然 PoS 是 PoW 的改良版，不過，這並不表示它很完美。例如，根據「貨幣持有量越多，越容易得到報酬」的機制，便有人指出與 PoW 相比，可能會有越多人儲蓄虛擬貨幣。

貨幣需要流通才產生價值，但就像現實中的貨幣也會發生「把錢放在床底下」的問題，日後當以太坊正式開始運用 PoS，此問題將變得不容忽視。

6.4 || PoI（重要性證明）

虛擬貨幣之一的新經幣（貨幣單位是 XEM），運用的是演算法 **PoI**（Proof of Importance）。

PoI 並不像 PoS 依據虛擬貨幣的持有量和持有時間，機制方面也考量其他如「交易的活躍度」即「因應交易數與交易量賦予加權」，因此不會像 PoW 消費龐大的電腦資源，也可防止違規行為。

6.4.1　收穫

以 PoW 為首的其他區塊鏈都透過挖礦進行交易的許可，但新經幣使用了一種名為**收穫**（harvest）的架構。

只要滿足下述條件，用戶就能夠參與收穫（交易的許可），許可的報酬將隨機發放給參與者（圖 6.13）。

下述條件是參與收穫的大前提：

 ・持有 10000XEM 以上

同時關於流動性與持有量，只要用戶滿足下述五個條件，「重要程度」就會增加，更容易取得交易的許可權。

以下三點為提升流動性的條件：

 ・進行 1000XEM 以上的轉帳交易
 ・在 30 天以內進行交易
 ・從其他具有參與收穫條件的用戶手中收下 XEM

而以下兩點是關於持有量的條件：

 ・vested（賦予權限）之 XEM 總計持有量
 ・重要程度暫時增加的 XEM 綜合持有量

XEM 的狀態：vested 與 unvested

XEM 具有 vested XEM 與 unvested XEM 兩種狀態，雖然收到代幣後皆是 unvested，不過每持有 1440 個區塊的 unvested XEM 餘額的十分之一將成為 vested。

根據新經幣的技術參考 ※，重要程度非 0 的狀態（即可參加收穫的最基本條件）就是 vested 的 XEM 持有量為 10000XEM 以上。

根據這種架構，就能夠消除 PoS 的「儲蓄的人變多」的問題。

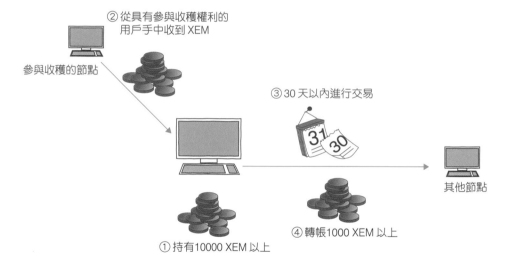

②從具有參與收穫權利的用戶手中收到 XEM

參與收穫的節點

③30 天以內進行交易

其他節點

①持有10000 XEM 以上

④轉帳1000 XEM 以上

圖 6.13　PoI

表 6.1 彙整了 PoW、PoS、PoI 簡單的比較。

表 6.1　共識形成演算法的比較

形成共識	主要程式	內容
PoW	比特幣	因應運算資源生成區塊
PoS	點點幣、未來幣	因應持有量生成區塊
PoI	新經幣	因應持有量與交易量生成區塊

※　https://nemplatform.com/wp-content/uploads/2020/05/NEM_techRef.pdf

6.5 || 拜占庭將軍問題與 PBFT

學習區塊鏈形成共識的知識時，有個一定會遇到的重要關鍵字，那就是**拜占庭將軍問題**。拜占庭將軍問題是關於「分散式系統上的信任」問題，由 2013 年榮獲圖靈獎的數學家萊斯利‧林波特博士（Dr. Leslie Lamport）提出。

簡單的說，拜占庭將軍問題就是在探討如何「在相互通訊的分散式網路上，通訊被妨礙或節點故障，而且可能有某些節點惡意傳送假資訊的情況，整體仍可能正確形成共識」。

6.5.1 歷史上的拜占庭將軍問題

在進入電腦系統上的拜占庭將軍問題之前，我們先來瞭解其想法出處的歷史事件。

在西元四世紀以後，拜占庭帝國（東羅馬帝國、拜占庭帝國）這個繁榮的國家在歐洲興起。當時為了攻下某個都市，帝國的九名將軍各自率領部隊進行包圍戰。不過，由於與敵方的戰力勢均力敵，所以九名將軍必須聯手採取下述行動。

- 發動總攻擊，攻陷城市
- 所有人先行撤退，擬定別種作戰計畫

如果所有人沒有採取同樣的作戰，就會因為敵人的攻擊而兵敗如山倒。因此這些將軍必須彼此商量，對於作戰方式達成共識。

發動總攻擊或撤退是十分重要的決定，因此九位將軍進行投票，用多數決決定採取哪一種作戰。由於有九位將軍，只要所有人參與多數決，就能夠順利統一所有人的決定，但這些將軍不能離開自己的崗位，因此他們便透過傳令，將自己的意見傳達給其他將軍（圖 6.14）。

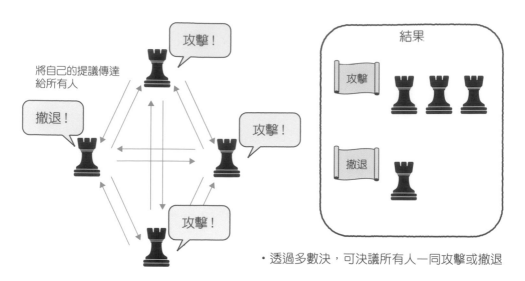

·透過多數決，可決議所有人一同攻擊或撤退

圖 6.14　歷史上的拜占庭將軍問題

到這個階段都還沒有問題，但其中一名將軍從以前就對拜占庭帝國心懷怨恨。由於他收到信使捎來的傳令是目前的投票共有四票攻擊、四票撤退，因此他對四名將軍發出「撤退」的傳令，對另外四名將軍發出「攻擊」的傳令。

結果，相信「攻擊」的四位將軍發動攻擊，相信「撤退」的四位將軍撤退，因此拜占庭帝國軍便戰敗了。

6.5.2　分散式網路上的拜占庭將軍問題

在分散式網路上也可能出現與上述歷史同樣的問題。由多個參與者合力導出結論時，當一部分的節點發生異常或傳送惡意訊息時仍形成共識時，該如何是好呢？

不過，網路上的拜占庭將軍問題與歷史上的事件狀況有些不同，是由士官接收一名司令官傳來的命令，而士官互相交換資訊同時形成共識。

三人的網路的情況

首先思考如圖 6.15 有三個人的情況（一名司令官＋兩名士官）。

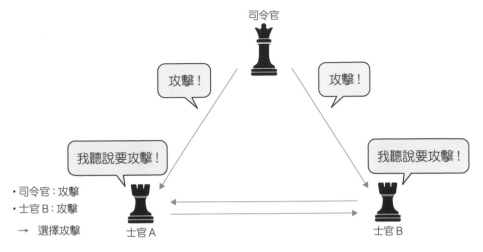

・司令官：攻擊
・士官B：攻擊
　→　選擇攻擊

圖 6.15　一名司令官＋兩名士官的網路

如果沒有背叛者，士官 A 收到司令官的命令，由於士官 B 也收到同樣內容，因此能夠只選擇「攻擊或撤退」其中之一。

不過，若此時混入一個背叛者，就會出現問題。

如圖 6.16，若士官 B 是背叛者，傳達與司令官的命令相反內容的情況，士官 A 就會收到與司令官和士官 B 不同的命令。另外，如圖 6.17 司令官是背叛者，對不同的士官發出相異的命令，也會讓士官 A 收到完全不同的內容。

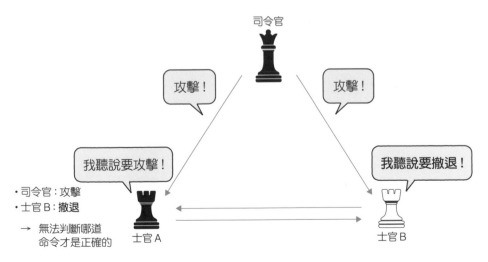

・司令官：攻擊
・士官B：撤退

　→　無法判斷哪道
　　　命令才是正確的

圖 6.16　士官 B 是背叛者的情況

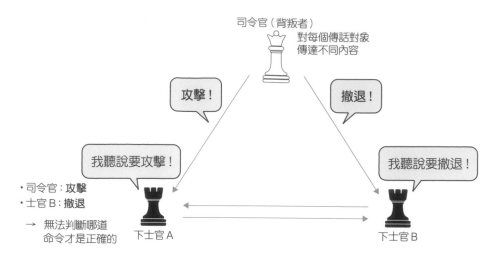

圖 6.17　司令官是背叛者的情況

士官 A 接收到不同命令時，無法辨別那道命令是正確的，且無法判斷背叛者是司令官還是士官 B。

如這種有背叛者的情況，這三個人就無法順利形成共識。

四個人的網路

接著，思考四個人（一名司令官＋三名士官）的網路。首先如圖 6.18，來看有一名士官是背叛者的情況。此時，士官 A 以二比一，能夠判斷哪道是正確的命令。

接著，如圖 6.19，司令官是背叛者，對所有人發出不同命令的情況。由於所有士官接收到不同的內容，因此得以判別司令官是背叛者。

若將這種模型常態化，若網路上有 N 個背叛者，形成網路的參與者為 3N + 1 上的話，收集到 2N + 1 以上的同樣訊息時就能夠正確判斷，形成共識。

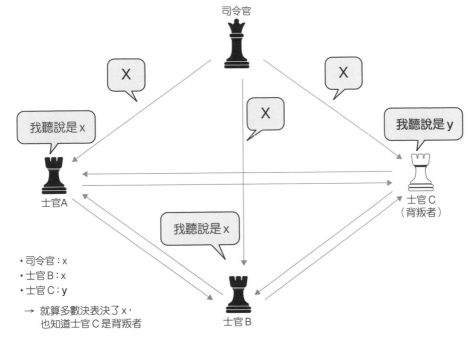

圖 6.18　士官 C 是背叛者的情況

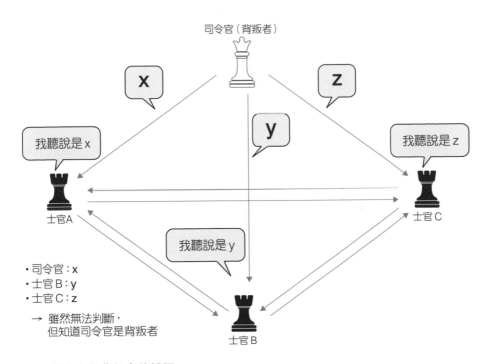

圖 6.19　司令官是背叛者的情況

6.5.3　網際網路上的拜占庭將軍問題與 BFT

像這種樣描述解決拜占庭將軍問題、使 P2P 網路正常運作的系統，就是「**拜占庭容錯**（Byzantine Fault Tolerance：BFT）」。

區塊鏈中有 BFT 是非常重要的，從 JBA（日本區塊鏈協會）的「區塊鏈的定義」便可看出其重要性。

區塊鏈的定義（https://jba-web.jp/）
1)「用含有拜占庭異常在內的不特定多數節點，隨著時間經過，屆時共識覆蓋的概率匯合成 0 的協定或程式就是區塊鏈。」
2)「使用電子簽名與雜湊指標，擁有容易找出竄改的資料結構，且保有該資料分散於網路上的多數節點，實現高度可用性及資料識別性的技術，就是廣義的區塊鏈。」

6.5.4　清算與 PBFT

有些私有鏈中，也運用了 **PBFT**（Practical BFT）這種形成共識演算法。

與 PoW 比較時，PBFT 較大的優點在於「能夠**清算**」。清算是財務交易時所需的程序，簡單來說就是「結帳明確結束」。

有（沒有）清算的結帳

如圖 6.20 所示，結帳後清算就是「確實收到期待中的金額，且之後收到的金額不會消失，結帳絕對不會被取消」。

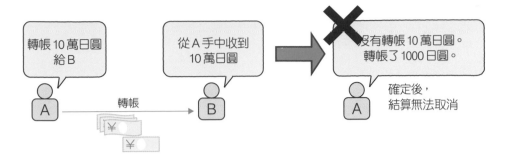

圖 6.20　清算後結帳

由於比特幣中，每 10 分鐘就有區塊連結到區塊鏈上，因此這段期間無法清算，而且有個問題是，鏈很有可能分叉。鏈分叉後，會採納較長的鏈，如果記錄交易的區塊連結到較短的鏈，或者變得比別的鏈還要長，將無法否定區塊的無效（圖6.21）。

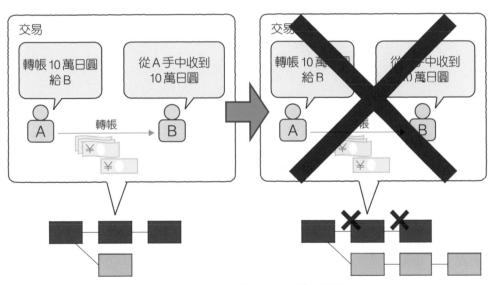

PoW、PoS 等程式不會清算，
因此交易後有可能被取消。

圖 6.21　沒有清算的結帳（PoW）

比特幣的慣例是「交易後只要有六個以上的區塊連結在一起就沒問題」，不過也表示要經過六個 10 分鐘，也就是沒有等個一小時就無法確實交易，與金融系統等例子相比，需花費非常長的時間。

而且這種情況只是機率性的慣例，交易並不一定得以成立。

PBFT

PBFT 為如前述私有鏈所用的形成共識演算法，結帳時會清算，不會發生區塊鏈分叉的情況。

PBFT 中，按照圖 6.22 的順序形成共識。在這張圖示中，C 是客戶，0 是領導節點，3 是異常節點。

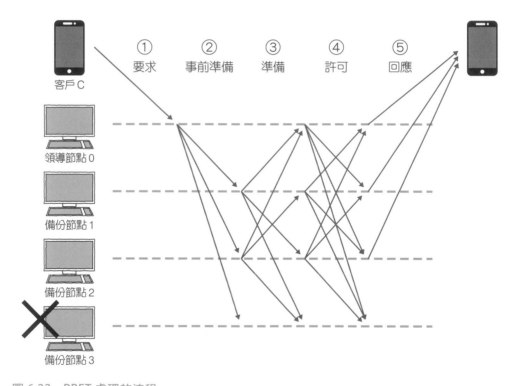

圖 6.22　PBFT 處理的流程

如圖 6.22 所示，PBFT 的處理分成以下五個階段。

① 要求（request）的階段：顧客（C）製作交易，簽名後傳送給領導節點（0）

② 事前準備（pre-prepare）的階段：領導節點將接收到的交易按照順序對所有的備份節點廣播

③ 準備（prepare）的階段：事前準備階段結束後，其他 2f 節點接收到事前準備階段廣播的訊息，且檢查該交易是否與事前準備階段所驗證的內容相同後，對所有節點廣播

④ 許可（commit）的階段：準備階段結束後，若接收 2f ＋ 1 個（包含自己）的準備階段收到廣播的訊息，便形成共識，將訊息寫入分散式帳本內

⑤ 回應（reply）的階段：許可節端結束後的節點，將回應傳給顧客

在 PBFT 中，如果異常（或惡意）的節點數數量是 f，那麼節點的總數是 3f ＋ 1。必須至少有兩個節點參考，因此，必須從 2f ＋ 1 個節點獲得許可，才能達成共識，將區塊記錄在帳本內。

在這張圖中，網路由四個節點構成，但在 PBFT 中，3f+1 個節點形成網路，演算法要求必須有 2f+1 個以上的節點回應，才能達成共識。

Column

f（異常的節點數）的緣由

異常（惡意）的節點數 f 來自於單字「faulty（故障）」。假設需要高可靠性，系統需要在同時發生故障的情況下繼續運作，則將 f 設為大於 1 的值。

由於 PBFT 不需要如比特幣這麼龐大的運算資源，交易可非常快速執行，這使得它成為金融機構這類對於清算與處理速度有高度要求之工作場合的必備技術。

但是，PBFT 仰賴大量的通訊，因為經常需要廣播（將訊息傳送給全體），因此若是應用於由非常多的節點構成的網路中，可能會有效能低落以及擴充性的問題。

因此，PBFT 需要控制節點的參與數量，而且不適合用於比特幣或以太坊這類公有鏈，比較適合用於 Hyperledger 專案這種私有鏈和聯盟鏈。

同時，也有人採用最佳化 PBFT 演算法的形成共識演算法，如第 10 章介紹的 Hyperledger Iroha 中的 YAC。

第 7 章

智慧合約

智慧合約是區塊鏈中一種自動執行合約的架構。如同描述，這種架構能夠智慧化履行合約（契約）。本章將以人坊當作主要的代表範例進行說明。

7.1 ∥ 什麼是智慧合約？

智慧合約（smart construct）是區塊鏈上契約的自動執行，從契約條件的確認到履行契約的處理，都由程式自動執行。最明顯的特性，就是記錄於區塊鏈的分散式帳本中的程式會自動執行，而執行的結果也會記錄在分散式帳本中（圖 7.1）。

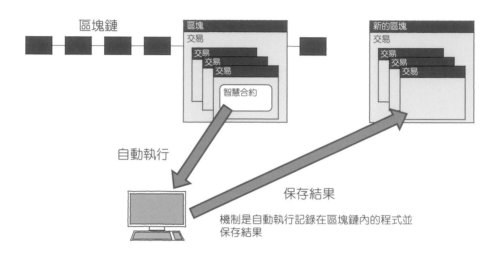

圖 7.1 智慧合約

‖ Column

智慧合約的起源

據說智慧合約的概念首見於美國的法律學家、密碼學家尼克薩博（Nick Szabo）於 1997 年發表的論文「The Idea of Smart Contracts」[※]，所以智慧合約的概念相較於比特幣，還要更早出現。

尼克薩博在論文中用自動販賣機當作智慧合約的例子說明。

[※] http://web.archive.org/web/20140406003401/szabo.best.vwh.net/idea.html

智慧合約會根據其所記錄的合約條款自動執行，合約條款未經許可不得變更，而且任何人都可以檢視記錄。

經由智慧合約所達成的合約自動化，使得 DAO（Decentralized Autonomous Organization：去中心化自治組織）這種「不需要管理者調解合約的去中心化組織」有了實現的可能性。

Column

DAO

如第 1 章所述，DAO 是一種沒有職位階級，所有成員平等參與的組織。組織的管理、運作皆由程式自動執行。

但是，目前業界對於智慧合約的定義並不一致。有鑑於此，ISO（國際標準化組織）正在進行 ISO/TC307 區塊鏈技術標準的制定，由 ISO/TC307/WG3 Smart contracts and their applications 工作小組負責智慧合約的部分。

Column

ISO/TC307

ISO/TC307 是 2016 年 9 月在 ISO（國際標準化組織）設立的 TC307（技術委員會 307）。從 2017 年 4 月開始，作為「區塊鏈與分散式帳本技術」（Blockchain and distributed ledger technologies）進行國際標準化的活動。

在日本，JIPDEC（日本情報經濟社會推進協會）正在與相關組織及公司合作，進行相關工作。

在「ISO/TR 23455:2019 Blockchain and distributed ledger technologies - Overview of and interactions between smart contracts in blockchain and distributed ledger technology systems」中，將智慧合約定義為「儲存在分散式帳本系統中的程式，程式的執行結果都會記錄在分散式帳本中」。

※ TC307：https://www.iso.org/committee/6266604.html

7.2 ‖ 比特幣的命令檔

雖然比特幣中沒有智慧合約的概念,不過在交易中能夠執行有限的命令檔。

如第 4 章所述,比特幣是一邊消費 UTXO(未使用的交易輸出)一邊進行交易。這種 UTXO 呈現被特定持有者封鎖的狀態。

交易雖然由輸入檔與輸出檔組成,不過是用判斷交易有效性的命令檔語言所書寫的 unlocking script 與 locking script(圖 7.2)。

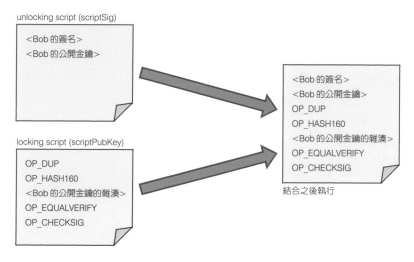

圖 7.2 unlocking script 與 locking script

locking script 是輸出檔內的「待會兒用來輸出」的解除條件,一般公開金鑰或比特幣位址中含有的內容也稱作 scriptPubkey。

滿足置於輸出檔條件的命令檔是 unlocking script,能夠用於解除輸出的條件。unlocking script 是輸入的一部分內容,幾乎所有情況含有私密金鑰的簽名,也稱作 scriptSig。

這些腳本是以**逆波蘭記法**的堆疊式程式碼實現的,因為有禁止重複與分叉的限制,所以能夠完全防堵無限迴圈這類的攻擊。

Column

命令檔缺乏圖靈完整性

因為有上述的限制，比特幣的命令檔，圖靈並不完整。

命令檔是由輸入的 unlocking script 與輸出的 locking script 結合後得以執行。

如前面圖 7.2 的例子，為了付款給 Bob 而執行 P2PKH（Pay to Public Key Hash）命令檔。下方圖示內容可具體瞭解結合後的命令（圖 7.3）。

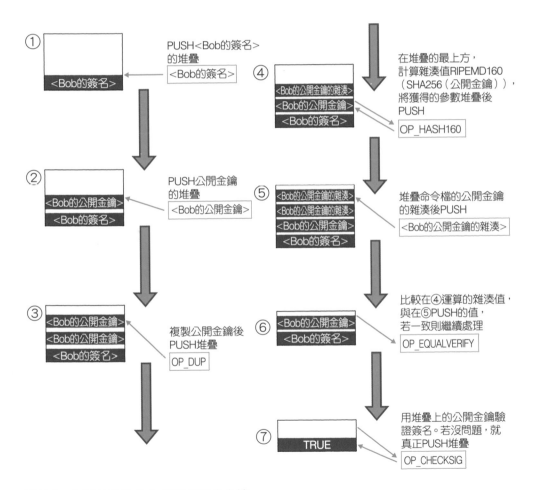

圖 7.3　為了付款給 Bob 而執行的命令檔

① <Bob 的簽名 >：PUSH<Bob 的簽名 > 的堆疊

② <Bob 的公開金鑰 >：PUSH<Bob 的公開金鑰 > 的堆疊

③ OP_DUP：在堆疊的最上方，即複製 <Bob 的公開金鑰 > 後 PUSH 堆疊

④ OP_HASH160：在堆疊的最上方，即從複製的 <Bob 的公開金鑰 > 運算 RIPEMD160(SHA256(<Bob 的公開金鑰 >)) 的雜湊值，將獲得的參數堆疊後 PUSH

⑤ <Bob 的公開金鑰的雜湊 >：堆疊命令檔的 <Bob 的公開金鑰的雜湊 > 後 PUSH

⑥ OP_EQUALVERIFY：拉出堆疊在最上方的兩個參數後比較。也就是要比較在④堆積運算後獲得的 <Bob 的公開金鑰 > 的雜湊值，與在⑤堆積的命令檔的 <Bob 的公開金鑰的雜湊 >，若一致則繼續處理

⑦ OP_CHECKSIG：使用在②堆疊的公開金鑰，驗證①的簽名（交易的簽名）。若這些資料一致，就可以真正 PUSH 堆疊。

7.3 以太坊的智慧合約

相較於比特幣提供極其有限的功能，以太坊則是充分運用智慧合約，可以使用許多程式語言、客戶和框架進行開發。

7.3.1 虛擬機器 EVM

在以太坊中，智慧合約由一個稱之為 **EVM**（Ethereum Virtual Machine）的虛擬機器執行。EVM 是一個**圖靈完整**機器，可執行編譯成 **EVM 位元組碼**（bytecode）的程式。基於安全考量，程式（智慧合約）只能在虛擬機器內執行。

雖然 EVM 是圖靈完整機器，但是它在執行程式時需要消耗 **Gas**（手續費），如果 Gas 耗盡，程式就會停止執行，這個機制可以避免無盡迴圈這類的 DoS 攻擊，執行指令會消耗固定的 Gas 量。耗用的 Gas 量會被轉換成 ETH，成為礦工的報酬。

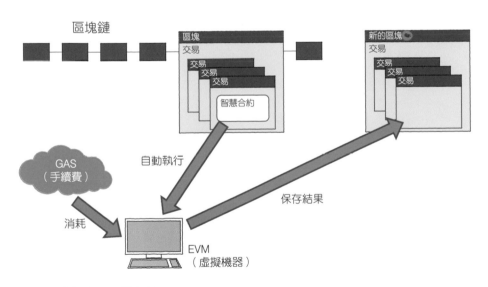

圖 7.4　以太坊中的智慧合約

7.3.2　兩種帳戶：EOA 與合約

以太坊中有兩種類型的帳戶，分別是「EOA 帳戶（Externally Owned Account：外部持有帳戶）」與「合約帳戶」。

EOA 是使用者帳戶。擁有位址、餘額，用私密金鑰管理。

合約是智慧合約用的帳戶，保存智慧合約的程式、位址與餘額。同時，由於沒有用私密金鑰管理，因此並不限定使用者。我們在後面會看到，建立好的智慧合約經過登記後，就會成為這種合約帳戶。

7.3.3　Solidity 語言

如前所述，智慧合約在 EVM 上執行時，是以稱為 EVM 碼的機器語言格式執行。但是，實際編寫程式時，使用的是高階語言，可以透過編譯器將其編譯成 EVM 可執行的格式。

書寫例

Solidity 是目前以太坊中最多人使用的程式語言，其語法與 JavaScript 類似。使用 solc 作為編譯工具。

圖 7.5 是 Solidity 的 Hello World! 例子。

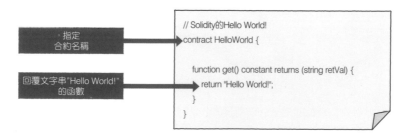

圖 7.5　Solidity 的 Hello World!

使用 Solidity 製作智慧合約時，首先必須透過 `contract` 宣告合約，然後在其中編寫程式。在這個例子中，寫了一個簡單的 `get()` 函數，它會傳回 `"Hello World!"` 字串。

150

圖 7.6 是轉帳的範例。這份內容引用了 Solidity 的文件（評論是筆者所寫）。

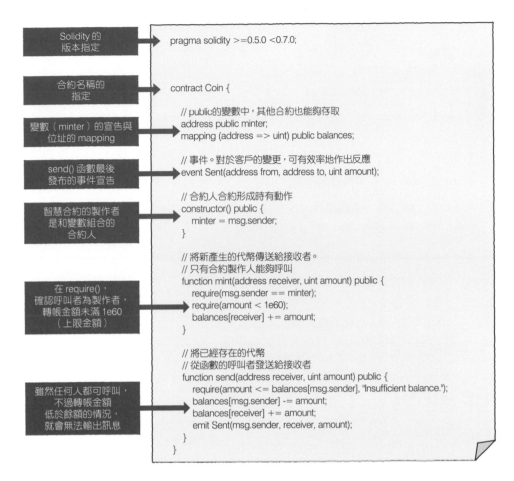

圖 7.6　轉帳時 Solidity 的命令檔例

第一段指定 Solidity 的版本必須在「0.5.0 以上，0.7.0 以下」，然後將這份 Contract 的名稱設為 **Coin**。

接著，將 **address** 的 **minter** 變數宣告為 **public**（外部可存取），接著將餘額的位址對映到一個無符號整數。

下一段宣告了要在 **send()** 函數的最後一行發出的事件。這個事件可供以太坊客戶端監聽並進行追蹤。只有在建立智慧合約時會呼叫構造函數，智慧合約建立者的位址會被儲存在 **minter** 變數中。

`mint()` 函數將 `amount` 指定金額的代幣轉帳給 `receiver` 所指定的位址。此時，根據 `require()` 函數，`msg.sender` 與 `minter` 一樣，也就是指定為只有智慧合約的產生者能夠轉帳。而且確認 `amount` 低於 `1e60`，以限制轉帳金額的最大值。

`send()` 函數開放給所有人執行轉帳。但只要轉帳金額高於餘額，就會輸出餘額不足的訊息告知轉帳失敗。

部署

智慧合約產生後，依下列順序執行。

① 用 solc 編譯成 EVM 可執行的格式。

② 用合約產生的交易，將編譯的內容登錄（部署）在區塊鏈上。透過這個程序，將產生合約的交易傳送給名為「零位址」的特殊位址。

③ 之後，一旦挖礦後交易被許可，便能夠參考參閱的智慧合約的位址。

④ 將交易傳給到智慧合約的位址，執行智慧合約。

已經部署過的智慧合約是無法變更的。不過，透過重新寫程式，能夠執行「刪除已部署的智慧合約命令」。若智慧合約像這樣被刪除，程式將無法執行。當然，刪除以前的交易紀錄當然還會保留著，不會被刪除。

Column

Serpent

Serpent 是受 Python 啟發而開發的程式語言，曾用在實現預測市場的專案 Augur 中，但由於在編譯程式中發現嚴重的安全漏洞，現在已經轉用 Solidity。

第 8 章

創世區塊

如第 4 章所述，區塊鏈中，記錄分散式帳本的區塊如鏈（chain）般連結在一起。既然是一條鏈，一定有個最前端的區塊，這種區塊有個特別的名稱，叫做**創世區塊（ genesis block ）**。在本章將仔細說明比特幣與以太坊的創世區塊。

如第 4 章所述，區塊鏈最前端（最早產生）的區塊稱作創世區塊，延續的區塊用高度的編號表示（圖 8.1）。創世區塊的高度為 0，後面的區塊依序為 1、2、3……n、n+1 延續下去。

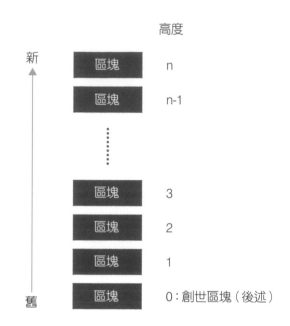

圖 8.1　高度（同圖 4.18）

8.1 ∥ 比特幣的創世區塊

比特幣的創世區塊是原始碼中的硬編碼。

· https://github.com/bitcoin/bitcoin/blob/master/src/chainparams.cpp

這一大串的程式碼是用 C++ 寫的，接著來瞭解概要。

比特幣中的**主網**（Main network），是用來進行實際交易的網路；**測試網**（Test net）則是用來進行測試，測試用的比特幣沒有實際價值；另外還有 **Regression Test**，這是用於本機測試用的網路（圖 8.2）。這三種網路有各自的創世區塊，說明如下。

	公開／非公開（局部）	價值的有無
主網	公開	有
測試網	公開	沒有
Regression Test	非公開（局部）	沒有

圖 8.2　比特幣的各種網路

8.1.1　主網、測試網的共同部分

那麼，接著來瞭解共通部分的 `CreateGenesisBlock()` 方法（列表 8.1）。可以看到參數的內容設定了隨機值（`genesis.nNonce`）和交易（`genesis.vtx`）等各種區塊鏈資料。

```
static CBlock CreateGenesisBlock(
  const char* pszTimestamp, const CScript& genesisOutputScript, ⏎
uint32_t nTime, uint32_t nNonce, uint32_t nBits, int32_t nVersion, ⏎
const CAmount& genesisReward)
{
    CMutableTransaction txNew;
    txNew.nVersion = 1;
    txNew.vin.resize(1);
    txNew.vout.resize(1);
    txNew.vin[0].scriptSig = CScript()
        << 486604799 << CScriptNum(4)
        << std::vector<unsigned char>(
            (const unsigned char*)pszTimestamp,
            (const unsigned char*)pszTimestamp + strlen(pszTimestamp));
    txNew.vout[0].nValue = genesisReward;
    txNew.vout[0].scriptPubKey = genesisOutputScript;

    CBlock genesis;
    genesis.nTime     = nTime;
    genesis.nBits     = nBits;
    genesis.nNonce    = nNonce;
    genesis.nVersion = nVersion;
    genesis.vtx.push_back(MakeTransactionRef(std::move(txNew)));
    genesis.hashPrevBlock.SetNull();
    genesis.hashMerkleRoot = BlockMerkleRoot(genesis);
    return genesis;
}
```

列表 8.1　CreateGenesisBlock() 方法

值得注意的是，在這之後，還有一個同名的方法（override method）（列表 8.2）。


```
static CBlock CreateGenesisBlock(
  uint32_t nTime, uint32_t nNonce, uint32_t nBits,
  int32_t nVersion, const CAmount& genesisReward)
{
    const char* pszTimestamp =
      "The Times 03/Jan/2009 Chancellor on brink of second bailout for ⏎
banks";
    const CScript genesisOutputScript = CScript() << ⏎
ParseHex("04678afdb0fe5548271967f1a67130b7105cd6a828e03909a679 ⏎
62e0ea1f61deb649f6bc3f4cef38c4f35504e51ec112de5c384df7ba0b8d57 ⏎
8a4c702b6bf11d5f") << OP_CHECKSIG;
    return CreateGenesisBlock(
      pszTimestamp, genesisOutputScript, nTime,
      nNonce, nBits, nVersion, genesisReward);
}
```

列表 8.2　CreateGenesisBlock() 的置換方法

pszTimestamp 的內容設定了字串「The Times 03/Jan/2009 Chancellor on brink of second bailout for banks（泰晤士報，2009 年 1 月 3 日英國財政部長將對銀行進行第二次的資金援助）」，這則新聞證明了比特幣在 2009 年 1 月 3 日以前是不存在的。

8.1.2　主網的創世區塊

接著我們來瞭解設定主網之創世區塊的地方（列表 8.3）。可以看到前面叫出 **CreateGenesisBlock()** 方法之後，設定了雜湊值和梅克爾根。

```cpp
class CMainParams : public CChainParams {
public:
    CMainParams() {
        strNetworkID = CBaseChainParams::MAIN;

        // 省略

        // 創世區塊的生成
        // 用第 5 參數將報酬設定成 50BTC
        genesis = CreateGenesisBlock(
            1231006505, 2083236893, 0x1d00ffff, 1, 50 * COIN);
        consensus.hashGenesisBlock = genesis.GetHash();

        // 創世區塊的雜湊
        assert(consensus.hashGenesisBlock ==
            uint256S"0x000000000019d6689c085ae165831e934ff763a⏎
            e46a2a6c172b3f1b60a8ce26f"));

        // 梅克爾根
        assert(genesis.hashMerkleRoot ==
            uint256S("0x4a5e1e4baab89f3a32518a88c31bc87f618f766⏎
            73e2cc77ab2127b7afdeda33b"));

        // 以下省略
```

列表 8.3　創世區塊的設定部分

這個創世區塊是主網上的區塊，透過雜湊或梅克爾根的值，就可以在網路上確認它是創世區塊。圖 8.3 所示就是在 blockchain.com 上的內容。

Block 0 ⓘ

Hash	000000000019d6689c085ae165831e934ff763ae46a2a6c172b3f1b60a8ce26f 📋
Confirmations	650,577
Timestamp	2009-01-04 03:15
Height	0
Miner	Unknown
Number of Transactions	1
Difficulty	1.00
Merkle root	4a5e1e4baab89f3a32518a88c31bc87f618f76673e2cc77ab2127b7afdeda33b
Version	0x1
Bits	486,604,799
Weight	1,140 WU
Size	285 bytes
Nonce	2,083,236,893
Transaction Volume	0.00000000 BTC
Block Reward	50.00000000 BTC

圖 8.3　主網的創世區塊

從圖 8.4 表示交易的內容，可得知作為 COINBASE 同意 50BTC 的付款。

Block Transactions ⓘ

Hash	4a5e1e4baab89f3a32518a88c31bc87f618f76673e2cc77ab2127b7a...			2009-01-04 03:15
	COINBASE (Newly Generated Coins)	➡	1A1zP1eP5QGefi2DMPTfTL5SLmv7DivfNa	50.00000000 BTC ⊕
Fee	0.00000000 BTC (0.000 sat/B - 0.000 sat/WU - 204 bytes)			50.00000000 BTC

圖 8.4　交易內容

測試網的創世區塊

測試用的創世區塊內容如列表 8.4 所述,可得知雜湊值等都不一樣。

```
class CTestNetParams : public CChainParams {
public:
    CTestNetParams() {
        strNetworkID = CBaseChainParams::TESTNET;

        // 省略

        genesis = CreateGenesisBlock(
          1296688602, 414098458, 0x1d00ffff, 1, 50 * COIN);
        consensus.hashGenesisBlock = genesis.GetHash();
        assert(consensus.hashGenesisBlock ==
            uint256S("0x000000000933ea01ad0ee984209779baaec3ce ⏎
            d90fa3f408719526f8d77f4943"));
        assert(genesis.hashMerkleRoot ==
            uint256S("0x4a5e1e4baab89f3a32518a88c31bc87f618f766 ⏎
            73e2cc77ab2127b7afdeda33b"));

        // 以下省略
```

列表 8.4　測試網用的創世區塊

Regression Test 用的創世區塊同樣也寫在原始碼中。

8.2 ║ 以太坊的創世區塊

與比特幣不同，以太坊中的創世區塊沒有硬編碼。連接公開網路時，可從網路上取得創世區塊，若為非公開網路，則寫入組態檔案（configuration file）以生成創世區塊。

8.2.1 公開網路

正如比特幣的主網和測試網，以太坊也公開好幾種用途不同的網路，主要的網路如圖 8.5 所示。

	公開／非公開（局部）	價值的有無
主網	PoW	有
Ropsten	PoW	沒有
Rinkeby	ETH並非透過PoA挖礦取得，而是由一個叫做水龍頭（Faucet）的網站提供。	沒有

圖 8.5　以太坊的主要公開網路

Column

Faucet

如圖 8.5 所示，Rinkeby 網路並非透過挖礦（PoW）來提供 ETH，而是透過一個名為水龍頭（Faucet）的網站提供。這種由特定許可人進行中央集權式的認可，就叫做權威證明（Proof of Authority, PoA）。

如前所述，參與這種公開網路時，客戶應用程式會從網路上取得創世區塊。

圖 8.6 表示在 blockchain.com 確認的以太坊（主網）的創世區塊內容。雖然礦工位址是 `0x0000000000000000000000000000000000000000` 這種無效位址，但還是有 5ETH 被轉移作為生成區塊的報酬。

Block 0 ⓘ	
Hash	0xd4e56740f876aef8c010b86a40d5f56745a118d0906a34e69aec8c0db1cb8fa3 📋
Confirmations	10,960,996
Timestamp	1970-01-01 09:00
Height	0
Miner	0x0000000000000000000000000000000000000000 📋
Number of Transactions	0
Number of Internal Transactions	0
Difficulty	17,179,869,184.00
Total Difficulty	17,179,869,184
Size	540 bytes
Nonce	0x0000000000000042
Sha3Uncles	0x1dcc4de8dec75d7aab85b567b6ccd41ad312451b948a7413f0a142fd40d49347
Number of Uncles	0
Gas Limit	5,000
Gas Used	0 (0.00%)
Block Reward	5.00000000 ETH
Static Reward	5.00000000 ETH
Fee Reward	0.00000000 ETH
Total Uncle Reward	0.00000000 ETH

圖 8.6　以太坊的創世區塊

以太坊中的 **0x0**，即用 **0x0000000000000000000000000000000000000000** 表現，是名為「零位址」的特殊收件位址。

這個位址是智慧合約收件人的位址，萬一不小心傳送了 ETH，就再也沒有任何方法可以取回。所以，在不是傳送智慧合約，而是傳送 ETH 的情況下，務必要仔細確認位址。

附帶一提，如果想刻意銷毀（burn）ETH 的話，可以使用銷毀位址。

・銷毀位址：**0x000000000000000000000000000000000000dead**

正如其名，傳送到這個位址的的 ETH，形同宣告死亡。就跟傳送到零位址一樣，任何人都無法再使用。

8.2.2　非公開網路

在架設用來測試等的非公開網路時，可以將創世區塊寫入一個 JSON 格式的檔案，此外，參與同樣網路的節點都必須使用共通的創世區塊。

列表 8.5 是在 GitHub 上，以太坊官方客戶 go-ethereum（geth：參考第 9 章）之 README[※] 裡頭的一個私網架設範例，這些設定應該寫在一個名為 **gensis.json** 的檔案中。

[※] https://github.com/ethereum/go-ethereum/blob/master/README.md

```
{
  "config": {
    "chainId": < 任意正整數 >,
    "homesteadBlock": 0,
    "eip150Block": 0,
    "eip155Block": 0,
    "eip158Block": 0,
    "byzantiumBlock": 0,
    "constantinopleBlock": 0,
    "petersburgBlock": 0,
    "istanbulBlock": 0
  },
  "alloc": {},
  "coinbase": "0x0000000000000000000000000000000000000000",
  "difficulty": "0x20000",
  "extraData": "",
  "gasLimit": "0x2fefd8",
  "nonce": "0x0000000000000042",
  "mixhash": "0x0000000000000000000000000000000000000000000000000000 ⏎
000000000",
  "parentHash": "0x0000000000000000000000000000000000000000000000000 ⏎
000000000000",
  "timestamp": "0x00"
}
```

列表 8.5　genesis.json

其中，在 **`config:chainId`** 設定鏈的 ID。將主網表示成 **1**，Ropsten 表示成 **2**，Rinkeby 表示成 **4** 以外。

其他設定說明如下：

- **`difficulty`**：顯示挖礦的難度。注意若這個值設定太大，挖礦有可能無法成功，拿不到報酬
- **`gasLimit`**：用區塊的計算可處理的最大 GAS 量（手續費）
- **`nonce`**、**`mixhash`**：用這兩種來判斷區塊是否可正確執行挖礦。特別是 **`nonce`**，建議將它變更成其他數值以免與其他未知的節點連接。

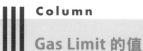
Gas Limit 的值

在這個範例中，**Gas Limit** 的值為 16 進位 **0x2fefd8**。若用 10 進位表示則為 3141592，可說是基於圓周率所設定的值。

你可以用下列指令執行 Geth（參閱第 9 章），使用前面自訂的 **genesis.json**，啟用一個私有的網路。

```
$ geth init <創世區塊的存放路徑>/genesis.json
```

API 與 CLI

本章將介紹區塊鏈的 API。**API**（Application Programming Interface）是指一組包含固定參數，用於與系統溝通所設計的程式介面。本章介紹的「區塊鏈 API」，簡單來說，就是「為了使用區塊鏈所設計的程式」。

9.1 ║ 端點與 JSON-RPC

在講解 API 之前，我們先來瞭解「端點」和「JSON-RPC」的意思。

9.1.1　端點

端點（endpoint）英文指「終點」和「末端」的意思，是連接網路的終端，指用戶操作的電腦和行動裝置。例如在資安領域，以這些端末為對象的安全性稱作「端點安全性」。

在軟體中，作為 API 提供特定服務之伺服器的 URI 被稱為「端點」（後面會再做說明）。在比特幣與以太坊中，對於連接各自網路的端點，進行 API 的呼叫（圖 9.1）。

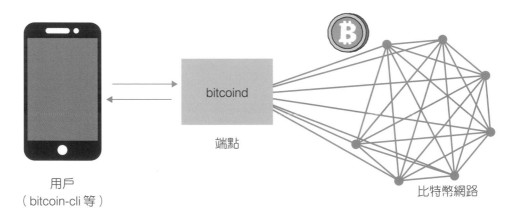

圖 9.1　比特幣的 API 端點

JSON-RPC

比特幣和以太坊使用 **JSON-RPC** 協定將資料傳送至端點並呼叫 API。JSON-RPC 是用 JSON 形式作資料的互傳，執行 RPC（Remote Procedure Call：遠端程序呼叫）。

請求

請求的資料包含以下項目：

- **jsonrpc**：指定 JSON-RPC 版本
- **method**：呼叫方法名稱
- **params**：傳給方法的參數（陣列、物件）
- **id**：識別字串（用於識別回應）

以下是透過呼叫 **getblock** 取得比特幣區內容的範例（列表 9.1）。

```
{
  "jsonrpc": "1.0",
  "id": "curltest",
  "method": "getblock",
  "params":
["00000000c937983704a73af28acdec37b049d214adbda81d7e2a3dd146f6ed09"]
}
```

列表 9.1　呼叫 getblock 索取資料的範例

回應

回應的資料包含以下項目：

- **jsonrpc**：指定 JSON-RPC 版本
- **result**：正常執行時的回覆內容
- **error**：出現錯誤時的回覆內容
- **id**：請求時指定的 **id**

由於 **id** 包含請求時指定的字串，所以可以用來確認什麼樣的請求會產生回應。

客戶端應用程式

前面介紹的方法，是使用 curl 指令，直接呼叫 **getblock** 取得資料。

如果使用 bitcoin-cli（比特幣）和 geth（以太坊）這類客戶端應用程式，就能夠更簡單的呼叫 API。本書稍後會介紹如何使用這些程式進行 API 呼叫。

9.2 ‖ 比特幣的 API

如前所述，比特幣的 API 是用 **JSON-RPC** 定義的，因此，也可以用 curl 等工具直接叫出來。不過一般而言，都會用到工具 **CLI**（Command Line Interface），可從命令行進行操作。

- Bitcoin Core RPC：https://bitcoincore.org/en/doc/

在比特幣的 Github 上提供各種工具的原始碼可供實作參考（可做為開發時的參考）。

- https://github.com/bitcoin/bitcoin

不過這些原始檔都需要編譯。你可以從 Bitcoin Core（前 bitcoin-qt）取得已經編譯好的可執行版本。

- https://bitcoincore.org/

此時會用到兩支程式，分別是 **bitcoind** 與 **bitcoin-cli**。

bitcoind 作為 RPC 伺服器（接收 JSON-RPC 的伺服器），負責接收來自客戶端應用程式的要求。在本書中，作為本機環境測試之用，加上 **--regtest** 參數連接 Regression Test 網路，執行下述命令啟動 bitcoind。

```
$ bitcoind --regtest
```

除了使用附加參數的方式啟動 bitcoind，也可以使用組態檔。以這個案例而言，可以建立一個叫做 **bitcoin.conf** 的組態檔，指定啟動為 regtest 模式。設定方式如列表 9.2 所示。

```
regtest = 1
```

列表 9.2　啟用 regtest 模式的設定範例

bitcoin-cli 是一個命令行應用程式，可以利用它藉由 JSON-RPC 與 bitcoind（RPC 伺服器）進行連線。接下來，我們試著利用 bitcoin-cli 來操作 API（圖 9.2）。

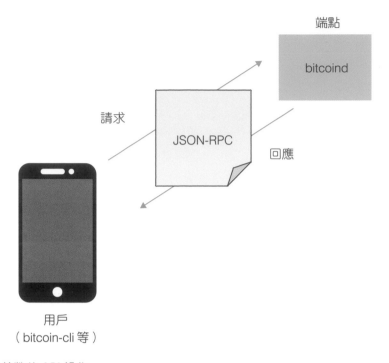

圖 9.2　比特幣的 API 操作

9.2.1　bitcoin-cli 的操作

首先，來檢視一下 bitcoin-cli 的版本，下達以下的指令之後，可以看到，我們使用的版本是 v0.20.1。

```
$ bitcoin-cli --version
Bitcoin Core RPC client version v0.20.1
```

接著，我們實際操作幾個指令，來體驗一下比特幣的運作。

||| Column

最新的資訊

隨著版本更迭，比特幣 API 的規格與操作方式也會有所變動。如果需要最新的資訊，請在下列網址中確認。

- Bitcoin Core RPC：https://bitcoincore.org/en/doc/

9.2.2 建立位址

首先來建立新的比特幣位址。執行以下的命令。

```
$ bitcoin-cli getnewaddress user1
bcrt1qth9zd8ezume0k8l48kq5jfxz7medp6u25389yg
```

每次顯示的位址都不會一樣，請記下這個位址，日後的操作會用到。這個位址與你第一次啟動 bitcoind 時建立的錢包（無名錢包）有關。

9.2.3 挖礦與報酬

接下來，我們要在測試環境中挖礦了。如下述使用 **generatetoaddress** 命令，可以將回應的結果視為「成功開採了 5 個區塊」。命令的執行結果中，顯示已許可的區塊。

```
$ bitcoin-cli generatetoaddress ⏎
5 bcrt1qth9zd8ezume0k8l48kq5jfxz7medp6u25389yg
[
  "32155a36864789e6e271c1a9d1165648f266a435d23c79acf8533bca263a7106",
  "2f4d255510223f6891aff8d74516db315386778e3e4a64df990ca06a85a5e4b0",
  "0ce444c43e299408f94762e4387f90ca25ee3b656e6dd928f0ca3b02d49f21b1",
  "51ad6de8bac93d31b87b4eb76e063a986cb723a05154540a2b744079124ae93b",
  "17954937afff9823d5c9a6b96efc2008968f23f320d7551647b078a81b125235"
]
```

用 **getbalance** 命令確認錢包的餘額。

```
$ bitcoin-cli getbalance
0.00000000
```

挖礦的報酬為每個區塊 50BTC。由於剛剛進行五次挖礦，因此應該收到 250BTC，不過現在的餘額仍是 0，沒有反映報酬。

事實上，在 Regression Test 環境中，若沒有進行 100 次以上的挖礦就不會產生報酬。因此，我們用剛剛的命令再度進行 96 次的挖礦，與剛剛的命令總計進行 101 次的挖礦，應該會支付 1 次報酬。

```
$ bitcoin-cli generatetoaddress ⏎
96 bcrt1qth9zd8ezume0k8l48kq5jfxz7medp6u25389yg
[
  "44071eaad40db60a2d6003843521f2597320ceb9c5874aed1f78af9b21878955",
  "47a269a31d770fb08a3fe3cf3da67fcdb5d173b0439dedc1b273eecc9968292d",
  (省略)
  "49f2b43c3446d03b6fc64882c7afad4f2fe19628772c8a8e3e5265b536a0050b",
  "45652c4ca334cb6c144efccceaac866fd6ec4c574a84b3decf17214abc138e64"
]
```

再次確認餘額。順利取得 50BTC。

```
$ bitcoin-cli getbalance
50.00000000
```

9.2.4 轉帳

接著進行 BTC 的轉帳。話雖如此,建立另一個 bitcoind(準備另一個錢包)有點麻煩,因此這次我們在同一個錢包內建立新的收款位址。

```
$ bitcoin-cli getnewaddress user2
bcrt1qatepju884ejyk8w6ur6ld5y2mzdqav854wn3q7
```

用 **listlabels** 命令,確認已建立 user2。

```
$ bitcoin-cli listlabels
[
  "user1",
  "user2"
]
```

從 user1 轉帳 10BTC 給 user2。由於是在同一個錢包內轉帳,錢包餘額應該不會變動。

```
$ bitcoin-cli sendtoaddress bcrt1qatepju884ejyk8w6ur6ld5y2mzdqav854wn3q7 ⏎
10.0
d9bde95295b5610552cca437a9a6849284bc55b3e02920a439924a64291b0d37
```

確認轉帳後的錢包餘額。可以看到餘額變動了，中間的差額是手續費。

```
$ bitcoin-cli getbalance
49.99997180
```

接著運用 **getreceivedbyaddress** 命令，確認 user2 是否有收到 10BTC。

```
$ bitcoin-cli getreceivedbyaddress ⏎
bcrt1qk79a5aepgcv6tttneheyzgzhyrdx0smsxprsf9
0.00000000
```

顯示為 0，表示還沒收到款項。話說回來，由於也沒有進行挖礦，因此交易沒有成立。執行 **generatetoaddres** 命令，進行挖礦。

```
$ bitcoin-cli generatetoaddress 1 ⏎
bcrt1qth9zd8ezume0k8l48kq5jfxz7medp6u25389yg
[
  "2a6a00b922c0872ef9fde135f3bb14e9512d10910b42ddf3df5d3244f15078a3"
]
```

由於交易被許可了，因此可以看到 user1 的收款金額增加 10BTC。

```
$ bitcoin-cli getreceivedbyaddress ⏎
bcrt1qatepju884ejyk8w6ur6ld5y2mzdqav854wn3q7
10.00000000
```

如下所述，可用 **getblock** 命令確認最後產生的區塊內容。**tx** 記錄了從 user1 轉帳 10BTC 給 user2 的交易。

```
$ bitcoin-cli getblock ⏎
2a6a00b922c0872ef9fde135f3bb14e9512d10910b42ddf3df5d3244f15078a3
{
  "hash": ⏎
"2a6a00b922c0872ef9fde135f3bb14e9512d10910b42ddf3df5d3244f15078a3",
  "confirmations": 3,
  "strippedsize": 327,
  "size": 472,
  "weight": 1453,
  "height": 102,
  "version": 536870912,
  "versionHex": "20000000",
  "merkleroot": ⏎
"51dab2d18f80261e03891f3a7135a58c216e8288f38870ec585424f7c067c55d",
  "tx": [
    "af5f12b172467155510770633abb7d0066ecacda2c538ff83f2b3837619a5056",
    "aea8501244bc32579dbf6283b43999d3a363354ae4cdd1878262faeeb073a5fc"
  ],
  "time": 1601543280,
  "mediantime": 1601542245,
  "nonce": 0,
  "bits": "207fffff",
  "difficulty": 4.656542373906925e-010,
  "chainwork": ⏎
"00000000000000000000000000000000000000000000000000000000000000ce",
  "nTx": 2,
  "previousblockhash": ⏎
"45652c4ca334cb6c144efccceaac866fd6ec4c574a84b3decf17214abc138e64",
}
```

交易也可以用 **gettransaction** 確認。另外，請注意在剛剛的 **getblock** 顯示中的 **tx** 有兩行。這是因為轉帳 10BTC 之後進行挖礦，也接收到報酬 COINBASE。具體而言，下述第一行資料就是 COINBASE。

```
# bitcoin-cli gettransaction
af5f12b172467155510770633abb7d0066ecacda2c538ff83f2b3837619a5056
{
  "amount": 0.00000000,
  "confirmations": 1,
  "generated": true,
  "blockhash":
"2a6a00b922c0872ef9fde135f3bb14e9512d10910b42ddf3df5d3244f15078a3",
  "blockheight": 102,
  "blockindex": 0,
  "blocktime": 1601543280,
  "txid":
"af5f12b172467155510770633abb7d0066ecacda2c538ff83f2b3837619a5056",
  "walletconflicts": [
  ],
  "time": 1601543280,
  "timereceived": 1601543280,
  "bip125-replaceable": "no",
  "details": [
    {
      "address": "bcrt1qgvez78jtdssspd6wjquwx3xju56x5tsnhclnwx",
      "category": "immature",
      "amount": 50.00002820,
      "label": "user1",
      "vout": 0
    }
  ],
  "hex":
"02000000000101000000000000000000000000000000000000000000000000000000 ⏎
000000ffffffff0401660101ffffffff0204fd052a0100000016001443322f1e4b6c2100b ⏎
74e9038e344d2e5346a2e130000000000000000266a24aa21a9ed05562376bbea547cd2d1 ⏎
01f4b008abee31f6919399a1b302980be2c702a6421b012000000000000000000000000000 ⏎
0000000000000000000000000000000000000000000000"
}
```

從 **details** 中可以看到，50BTC 的挖礦報酬與手續費 0.00002820BTC 已傳送給 user1。

接著用 **gettransaction** 試著確認第二行的交易。在 **details** 中可以看到從 user1 扣除 10BTC 與 0.00002820BTC（手續費），user2 多了 10BTC。

```
$ bitcoin-cli gettransaction ⏎
aea8501244bc32579dbf6283b43999d3a363354ae4cdd1878262faeeb073a5fc
{
  "amount": 0.00000000,
  "fee": -0.00002820,
  "confirmations": 3,
  "blockhash": ⏎
"2a6a00b922c0872ef9fde135f3bb14e9512d10910b42ddf3df5d3244f15078a3",
  "blockheight": 102,
  "blockindex": 1,
  "blocktime": 1601543280,
  "txid": ⏎
"aea8501244bc32579dbf6283b43999d3a363354ae4cdd1878262faeeb073a5fc",
  "walletconflicts": [
  ],
  "time": 1601542954,
  "timereceived": 1601542954,
  "bip125-replaceable": "no",
  "details": [
    {
      "address": "bcrt1qth9zd8ezume0k8148kq5jfxz7medp6u25389yg",
      "category": "send",
      "amount": -10.00000000,
      "label": "",
      "vout": 1,
      "fee": -0.00002820,
      "abandoned": false
    },
    {
      "address": "bcrt1qth9zd8ezume0k8148kq5jfxz7medp6u25389yg",
      "category": "receive",
      "amount": 10.00000000,
      "label": "",
      "vout": 1
    }
  ],
  "hex":
"020000000001011f18b717c7e089405fa6b1e83d4bb0c744371e1bc6ce0e021a2b02e1d9 ⏎
6d1be70000000000feffffff02fc1c6bee0000000016001400ded279d28526ffec9da94e6 ⏎
4b3e3dcb46ea1fb00ca9a3b00000000160014eaf21970e7ae644b1ddae0f5f6d08ad89a0e ⏎
b0f402473044022005e71454f3fb0f8760bab659005517406e399d4fbfe9f4f46d3f840fa ⏎
14c782b02202e697c0ea5f3add2e46362822c39ce4ee82f74072c0ee47f8659c8d09155bc ⏎
6d012103ff8637900962ea968c0671af8f40c57f3fc2b1a050bf3789db0d8900979080fa6 ⏎
5000000"
}
```

9.3 ║ 以太坊的 API

以太坊的 API 與比特幣同樣定義為 JSON RPC 格式。

・https://eth.wiki/json-rpc/API

以太坊的 API 與比特幣一樣，可以用 curl 之類的方式呼叫。不過，我們的示範會使用以太坊提供的 geth 來呼叫 API，這是一個使用 Go 語言所開發的以太坊客戶端程式。其運作方式如下圖（圖 9.3）。

・https://geth.ethereum.org/downloads/

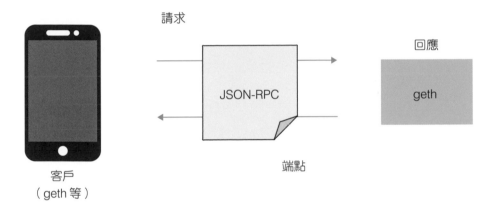

圖 9.3　以太坊的 API 摘要

9.3.1 初始化與啟動

這裡使用測試的非公開網路。

如第 8 章所述，使用非公開網路時需要檔案 **genesis.json**，這裡使用的就是第 8 章介紹過的私網範例（列表 9.4）。

```json
{
  "config": {
    "chainId": 168,
    "homesteadBlock": 0,
    "eip150Block": 0,
    "eip155Block": 0,
    "eip158Block": 0,
    "byzantiumBlock": 0,
    "constantinopleBlock": 0,
    "petersburgBlock": 0,
    "istanbulBlock": 0
  },
  "alloc": {},
  "coinbase": "0x0000000000000000000000000000000000000000",
  "difficulty": "0x20000",
  "extraData": "",
  "gasLimit": "0x2fefd8",
  "nonce": "0x0000000000000042",
  "mixhash": ⏎
"0x0000000000000000000000000000000000000000000000000000000000000000",
  "parentHash": ⏎
"0x0000000000000000000000000000000000000000000000000000000000000000",
  "timestamp": "0x00"
}
```

列表 9.4　私網用的 genesis.json

建立一個工作目錄（這裡設為 **~/ethereum**），將 **genesis.json** 存放於此。

使用 **cd** 命令進入剛剛設好的工作目錄，下達以下指令完成 geth 環境的初始化設定。

```
$ geth --datadir data init genesis.json
```

接著以非公開網路的形式啟動 geth。使用 **--networkid** 參數指定連接埠號。第 8 章曾經提過，連接非公開網路的情況，主網和測試網必須指定不同的埠號。本例指定為 168。

執行下列命令啟動 geth。

```
$ geth --nousb --rpc --rpcport 8575 --rpcapi "web3,eth,net,personal" ⏎
--rpccorsdomain "*" --rpcaddr "0.0.0.0" --nodiscover --networkid "168" ⏎
--datadir "data" console 2>> data/error.log
```

想要了解完整的參數語法，可參閱以下網站：

・Geth Documentation：https://geth.ethereum.org/docs/

Column

其他公鏈節點

下列網站可以查詢一些常用的公鏈節點。

・https://chainid.network

如果兩個端點使用相同的創世區塊與公鏈節點，就能互連。

9.3.2　EOA 帳戶的形成

啟動 geth 後，就可以開始輸入命令。首先用以下命令，建立兩個測試用的 EOA 帳戶（參閱第 7 章）。這兩個帳號分別用來作為轉帳時的付款方與收款方。passphrase 參數可以使用任何你想設定的密碼。

```
> personal.newAccount("passphrase")
"0xa7c1071547a4578c64cb654720d685a7368749d4"
> personal.newAccount("passphrase")
"0x41deea7dfe04d92bf39e2db6498d80075c5612e1"
```

確認 EOA 帳戶建立完成。

```
> eth.accounts
["0xa7c1071547a4578c64cb654720d685a7368749d4", ↵
"0x41deea7dfe04d92bf39e2db6498d80075c5612e1"]
```

接著，用 **eth.coinbase** 命令查看 COINBASE（挖礦報酬）的接收帳戶。執行之後，顯示在第一行的 EOA 帳戶就是收款帳戶。

```
> eth.coinbase
"0xa7c1071547a4578c64cb654720d685a7368749d4"
```

9.3.3 挖礦與報酬

完成上述動作之後，就可以用 **miner.start()** 命令開始私網中的挖礦。比特幣需要指定區塊數，但以太坊會自動挖礦。

```
> miner.start()
null
```

可用 **eth.mining** 命令確認是否有在進行挖礦。另外，可用 **eth.blockNumber** 命令確認區塊高度。

```
> eth.mining
true

> eth.blockNumber
0
```

Column

停止挖礦

如欲停止挖礦，就執行 **miner.stop()**。

用 **eth.getBlock()** 命令確認區塊的內容。接著顯示的是區塊高度 0，即創世區塊的內容。

```
> eth.getBlock(0)
{
  difficulty: 131072,
  extraData: "0x",
  gasLimit: 3141592,
  gasUsed: 0,
  hash: ⏎
"0x5e1fc79cb4ffa4739177b5408045cd5d51c6cf766133f23f7cd72ee1f8d790e0",
  logsBloom:
"0x0000000000000000000000000000000000000000000000000000000000000000 ⏎
0000000000000000000000000000000000000000000000000000000000000000 ⏎
0000000000000000000000000000000000000000000000000000000000000000 ⏎
0000000000000000000000000000000000000000000000000000000000000000 ⏎
0000000000000000000000000000000000000000000000000000000000000000 ⏎
0000000000000000000000000000000000000000000000000000000000000000 ⏎
0000000000000000000000000000000000000000000000000000000000000000 ⏎
0000",
  miner: "0x0000000000000000000000000000000000000000",
  mixHash: ⏎
"0x0000000000000000000000000000000000000000000000000000000000000000",
  nonce: "0x0000000000000042",
  number: 0,
(以下略)
```

經過一陣子後進行挖礦，將挖礦報酬傳送至第一行的帳戶。使用 **eth. getBalance()** 命令能夠確認帳戶的餘額。要特別注意的是，這裡顯示的是以太坊的最小單位 wei 而非 ETH。

```
> eth.getBalance(eth.accounts[0])
110000000000000000000
```

▌▌▌ Column

什麼是 wei

wei 是以太坊的貨幣輔助單位，每 ETH = 1000000000000000000wei。有時也會將 10 億 wei 以 Gwei 表示（1Gwei=0.000000001ETH）。

你也可以使用 API 將 wei 轉換成 ETH 顯示。

```
> web3.fromWei(eth.getBalance(eth.accounts[0]), "ether")
110
```

比特幣的 API 能夠告訴你每個錢包的餘額，而以太坊的 API 則是告訴你每個帳戶
（位址）的餘額。

9.3.4 轉帳

第一個帳戶取得挖礦報酬之後，我們試著將報酬轉到第二個帳戶。不同於比特幣，
在以太坊要轉帳之前，必須先解鎖轉帳者的帳戶。

使用 **personal.unlockAccount()** 命令解鎖帳戶。執行時需要輸入建立帳號時
設定的通行碼（Passphrase）。

```
> personal.unlockAccount(eth.accounts[0])
Unlock account 0xe2255b9b94d4770077d6f856565253a88eb8e1bf
Passphrase:
true
```

帳戶成功解鎖，輸出 **true** 後，用 **eth.sendTransaction()** 命令，從第一行的帳
戶（**eth.accounts[0]**）中轉帳 3ETH 給第二行的帳戶（**eth.accounts[1]**）。

```
> eth.sendTransaction({from: eth.accounts[0], to: eth.accounts[1], value: ⏎
web3.toWei(3, "ether")})
"0x0bbf7a788e19e89cacf4a94b5c1bd4c82275e6a39a13f05eae86d9b9f040acc6"
```

執行命令後，顯示交易識別碼。用這個交易識別碼，便可如以下顯示交易的內容。
從 **from** 可得知轉帳人帳戶，從 **to** 得知收款人帳戶，從 **value** 可得知轉帳 3ETH。

```
> eth.getTransaction ⏎
("0x0bbf7a788e19e89cacf4a94b5c1bd4c82275e6a39a13f05eae86d9b9f040acc6")
{
  blockHash: ⏎
"0xb41d7ff7f2dcb6a09a680891650c6e6d8c8fd84d907ca841c7301bc97748f6c9",
  blockNumber: 100,
  from: "0xe2255b9b94d4770077d6f856565253a88eb8e1bf",
  gas: 21000,
  gasPrice: 1000000000,
  hash: ⏎
"0x0bbf7a788e19e89cacf4a94b5c1bd4c82275e6a39a13f05eae86d9b9f040acc6",
  input: "0x",
  nonce: 0,
  r: "0xfb746bce88c8a7e8bcec081e1451214c01e00e87dddc2aa9b344a8eebec57d1",
  s: "0x4b3115bb4f9301e19b5df3877364de0eeedf10a567564f5b87f1b33281f1895a",
  to: "0xb9ecee7c69c41daf1df01202e6c30f101b1335d7",
  transactionIndex: 0,
  v: "0x173",
  value: 3000000000000000000
}
```

最後確認各帳戶的餘額。

```
> eth.getBalance(eth.accounts[0])
227000000000000000000
> web3.fromWei(eth.getBalance(eth.accounts[0]), "ether")
277
> eth.getBalance(eth.accounts[1])
3000000000000000000
> web3.fromWei(eth.getBalance(eth.accounts[1]), "ether")
3
```

到這裡，我們已經用 geth 完成簡單的轉帳。其實在以太坊中，可以用 Solidity 與其他工具編寫的智慧合約構成一個功能豐富的系統。接下來，我們就試著來編寫一個簡單的智慧合約。

9.4 ‖ 以太坊的智慧合約

如第 7 章所述，Solidity 是編寫以太坊的智慧合約所用的代表性程式語言。用編譯工具 solc（或是 solcjs），編譯能夠在 EVM 執行的位元組碼（圖 9.4）。

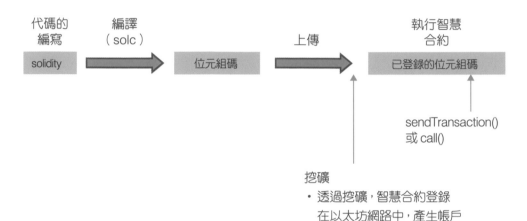

圖 9.4　到執行以太坊智慧合約之前的流程

想要執行編譯過的智慧合約，必須先在網路上完成登錄。所以，除了上傳，還要挖礦登錄，才能產生帳戶，取得位址。

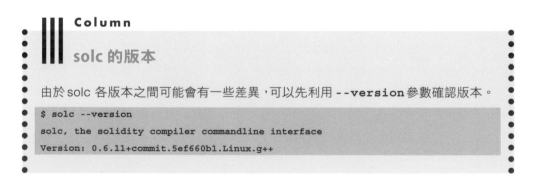

整理之後，可依下述順序進行智慧合約的製作與執行

① 智慧合約的程式碼撰寫
② 智慧合約的編譯
③ 產生智慧合約的帳戶
④ 執行智慧合約

本書只是做個簡略的介紹。想要對 Solidiy 的語法和編譯器選項有更進一步的了解，
可參閱以下網站。

- Ethereum 入門 - 製作、執行智慧合約（日文網站）
  https://book.ethereum-jp.net/first_use/contract

9.4.1　智慧合約的程式碼撰寫

本節將以一個「設定數值的函數」與「返回現在設定數值的函數」的 Solidity 程式
來做為智慧合約的範例。

在檔案 **SetGet.sol** 撰寫下述原始碼（列表 9.5）。

```
pragma solidity >=0.6.0;

contract SetGet {
    uint num;

    function set(uint n) public{
        num = n;
    }

    function get() public view returns (uint retVal){
        return num;
    }
}
```

列表 9.5　SetGet.sol

set() 函數是「設定數值的函數」，**get()** 函數是「返回現在設定數值的函數」。

智慧合約的編譯

接著進行編譯。如下述實行 solc，編譯原始碼。

```
> solc --abi --bin SetGet.sol
--> SetGet.sol


======= SetGet.sol:SetGet =======
Binary:
608060405234801561001057600080fd5b5060c78061001f6000396000f3fe60806040523 ⏎
48015600f57600080fd5b50600436106032576000356e01c806360fe47b1146037578063 ⏎
6d4ce63c146062575b600080fd5b6060600048036036020811015604b57600080fd5b81019 ⏎
08080359060200190929190505050607e565b005b60686088565b604051808281526020001 ⏎
915050604051809103390f35b8060008190555050565b6000805490509056fea264697067 ⏎
358221220039aab05aefb343ed1074a0078f9c6d60339c8c2cf9f1ca54ebcb35dc9bc894e ⏎
64736f6c634300060b0033
Contract JSON ABI
[{"inputs":[],"name":"get","outputs":
[{"internalType":"uint256","name":"retVal","type":"uint256"}],"stateMutab ⏎
ility":"view","type":"function"},{"inputs":
[{"internalType":"uint256","name":"n","type":"uint256"}],"name":"set","ou ⏎
tputs":[],"stateMutability":"nonpayable","type":"function"}]
```

若成功編譯，會產生一個副檔名為 Bin 的檔案，一個副檔名為 abi 的檔案，以及一個
副檔名為 json 的檔案。

Column

solcjs 的輸出檔

如果使用 solcjs，只會產生 **.bin** 跟 **.abi** 檔案。

智慧合約的帳戶形成

將編譯的 .bin 與 .abi 檔，用 **geth** 的命令行，以適當的變數（這裡是 **bin** 與 **abi**）存放。

```
> var bin =
"0x6080604052348015610010576000080fd5b5061011e806100206000396000f3fe608060 ↵
4052348015600f57600080fd5b50600436106028576000360e01c8063c605f76c14602d5 ↵
75b600080fd5b603360ab565b6040518080602001828103825283818151815260200191506 ↵
8051906020019080838360005b8381101560715780820151818401526020810190506058565 ↵
65b50505050905090810190601f168015609d5780820380516001836020003610100a0319 ↵
1681526020019150b5092505050506040518091039805f35b6060604051806040016040528066 ↵
00d81526020017f48656c6c6f2c20576f726c642100000000000000000000000000000000 ↵
000000081525090509056fea26469706673582212207c40c1dd271abd4c2a951cfa1ca1327 ↵
7ee9351f9e32a8bd435eaadec9ad3e25964736f6c634300060b0033"
undefined
> var abi = [{"inputs":[],"name":"helloWorld","outputs":
[{"internalType":"string","name":"","type":"string"}],"stateMutability":" ↵
pure","type":"function"}]
undefined
```

接著用這些變數，如以下方式登記智慧合約。此時轉帳人的帳戶和轉帳時同樣都需要解鎖。

```
> var contract = eth.contract(abi)
> personal.unlockAccount(eth.accounts[0])
Unlock account 0xe280e2b5cfec87429be05e5787249d301c00fee7
Passphrase:
true
> var newContract = contract.new({from: eth.accounts[0], data: bin})
```

接著來確認登記的智慧合約內容。

```
> newContract
{
  abi: [{
      inputs: [],
      name: "get",
      outputs: [{...}],
      stateMutability: "view",
      type: "function"
  }, {
      inputs: [{...}],
      name: "set",
      outputs: [],
      stateMutability: "nonpayable",
      type: "function"
  }],
  address: undefined,
  transactionHash: ⏎
"0x2742fdf7ea6dfd750c8e68455e374dbfb2482806251dfe8446f713621d5da795",
}
```

由於這個時候尚未進行挖礦，因此不用建立合約帳戶（參考第 7 章），**address** 是
undefined。

等一陣子後進行挖礦，**newContract** 為以下內容。在 **address** 輸入值，且得知
get、**set** 等參數也登錄了。

```
> newContract
{
  abi: [{
      （省略）
  }],
  address: "0xeaf802d0f463b1483bc1d4c6b9200d11a87d59ff",
  transactionHash: ⏎
"0x2742fdf7ea6dfd750c8e68455e374dbfb2482806251dfe8446f713621d5da795",
  allEvents: function(),
  get: function(),
  set: function()
}
```

9.4.4 智慧合約的實行

接著實行看看登記的智慧合約。

智慧合約函數的執行，分為 **sendTransaction()** 與 **call()** 兩種方法。

sendTransaction() 是叫出區塊鏈上函數時而用的命令，由於挖礦時需要它，會消耗到手續費 Gas。

call() 時是叫出不讓區塊鏈狀態變化的 method 而用的命令，由於不需要挖礦，因此不會消耗 Gas。

這次登記的智慧合約，**set()** 函數是寫入值的函數，用 **sendTransaction()** 命令呼叫。以下為範例，將值設定為 10。請別忘記，轉帳人帳戶需要解鎖。

```
> personal.unlockAccount(eth.accounts[0])
Unlock account 0xced9f4a47e102284b878d9ddc7b84cecea69efd8
Passphrase:
true
> newContract.set.sendTransaction(10, {from: eth.accounts[0]})
"0x3af13d34672ee33997a4c7ea77527699fb2962dd768b8a0fc3d53b61516255e8"
```

過一陣子進行挖礦，叫出 **get()** 函數顯示值。這個情況還沒有編寫，因此用 **call()** 命令。

```
> newContract.get.call()
10
```

設定的值有正確顯示為 **10**。

到目前為止所舉的例子都非常簡單，順序是「編寫智慧合約，從編譯至登記在以太坊，且接著實行」。

執行程序的細節與結果，會隨著你的電腦環境不同而有差異。不過，這個範例的重點是希望能夠讓你了解「以太坊可以藉由智慧合約來建立一個非常靈活的系統」。

第 10 章

Hyperledger 專案

本書到目前為止介紹的比特幣和以太坊等，都是作為公開用途運用的區塊鏈。本章將介紹 Hyperledger Fabric 與 Hyperledger Iroha，它們是具有代表性的商用私有鏈。

10.1 ‖ Hyperledger Project

在認識 Fabric 跟 Iroha 這兩種 Hyperledger 之前，先來了解一下這兩者的源頭：Hyperledger Project。

Hyperledger Project [※] 是以全世界 20 間企業為中心，如 IBM、英特爾（Intel）、大通（JP Morgan）、環球銀行金融電信協會（SWIFT）等 Linux 基金會主要成員，在2015 年 12 月發起，2016 年 2 月 9 日由 30 間公司設立的專案（圖 10.1），旨在促進用非營利（開放原始碼）且能夠運用在商業上的區塊鏈技術。在成立當時，日本參與的廠商包括富士通、日立製作所、NTTData、日本電氣株式會社（NEC）。

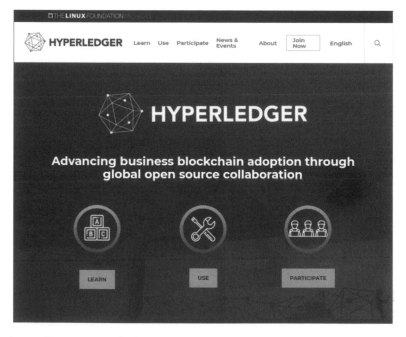

圖 10.1　https://www.Hyperledger.org/

[※]　https://www.Hyperledger.org/

參加成員

2020 年 6 月 22 日時的參與成員，有 13 間企業是高級成員（Premium Member），149 間企業是一般成員（General Member），45 間企業是協力成員（Associate Member），以及 20 間學校（Associate Academia）與超過 200 個企業團體。

10.1.1 Hyperledger Project 的專案

Hyperledger Project 的目的是商用區塊鏈的開發推廣，旗下已有多個開發專案通過許可，且持續有活動在積極進行中。特別是進入後述「批准」的專案，由 **Hyperledger Fabric**、**Hyperledger Sawtooth**、**Hyperledger Iroha** 三種專案開始，現在增加到六種。

另外，基於 Hyperledger Project 進行，「新功能的開發」等協力合作也稱作「專案（project）」。雖然有些容易混淆，就當作 Hyperledger Project 旗下有 Hyperledger Fabric、Hyperledger Sawtooth、Hyperledger Iroha 等專案。

10.1.2 專案的生命週期

Hyperledger Project 中，專案的生命週期設定成下述五個階段。

1. 提案（Proposal）
2. 籌劃（Incubation）
3. 活動（Active）
4. 汰除（Deprecated）
5. 結束（End of Life）

提案（Proposal）

向技術小組委員會（TSC：Technical Subcommittee）提出新的專案。

技術小組委員會批准的專案，進入下一個階段，也就是籌劃（Incubation）。

籌劃（Incubation）

提案被批准的專案，進入籌劃階段，建立新的 Github 儲存庫（repository）。該儲存庫將分別於 https://github.com/hyperledger/ 底下建立。

開發的結果，獲得技術小組批准畢業後，便進入活動階段。

活動（Active）

要讓專案活動，必須滿足下述條件，並經技術小組委員會投票獲得許可。

- 有功能完善的代碼
- 充分進行過測試
- 有活躍的開發人員社群

汰除（Deprecated）

汰除的專案將在保留 6 個月後被刪除。

結束（End of Life）

經過 6 個月的汰除期間後，專案落幕。

處於這個狀態的專案不會繼續再開發或維護。

通過批准的專案

最先通過批准的三個專案中，Hyperledger Fabric 最初是以 Open Blockchain 為名而開發的程式，是由開發者 IBM 捐贈給 Hyperledger Project 的專案。目前仍積極開發中，並被廣泛運用於世界各地。

Hyperledger Sawtooth 原本是 Intel 開發的區塊鏈平台形成共識使用 PoET（Proof of Elapsed Time：時間經過證明）演算法，Intel CPU 功能的 SGX（Software Guard Extensions）有在運用此技術。另外，最後的 Hyperledger Iroha 是由日本 SORAMITSU 株式會社所開發，此專案是同公司捐贈給 Hyperledger Project，作為開放原始碼而開發，世界第一個中央銀行數位貨幣（CBDC：參考第 11 章）即柬埔寨的「巴孔幣」，和日本第一個數位區域貨幣的會津大學的「白虎（Byacco）」皆運用這種技術。

表 10.1 節錄了已批准的六個專案、以及在它們之後批准的專案。特別是之後通過批准的 Besu、Burrow、Indy 三種專案，其各自作為區塊鏈都提供了特別的功能。

表 10.1　Hyperledger Project

專案名稱	特色
Hyperledger Fabric	使用模組化的架構，允許使用者選擇共識演算法
Hyperledger Sawtooth	具備模組化架構，使用 PBFT 和 PoET 作為建立共識的演算法
Hyperledger Iroha	高速的區塊鏈平台，操作簡單，容易上手。細節請參考 10.3 節
Hyperledger Indy	專門用於身分認證的區塊鏈
Hyperledger Burrow	直接支援 EVM 與 WebAssembly 的智慧合約。能夠用於公有鏈，但也可應用在私有鏈、聯盟鏈
Hyperledger Besu	由以太坊所提供的開源企業區塊鏈。遵循 EEA（Enterprise Ethereum Alliance）的規範時作，可用於企業環境

Column

關於 Hyperledger Project 各自的細節

請至下述網站參考各自的細節。

· https://hyperledger.org/use/distributed-ledgers

對 Hyperledger Project 有了概念之後，接下來要介紹 Fabric 和 Iroha，同時也會講述私有（聯盟）區塊鏈的特色。

10.2 ║ Hyperledger Fabric

如前所述，Hyperledger Fabric 是 Hyperledger Project 旗下私有鏈（聯盟鏈）、分散式帳本的開發專案之一（圖 10.2）。

・https://www.hyperledger.org/use/fabric

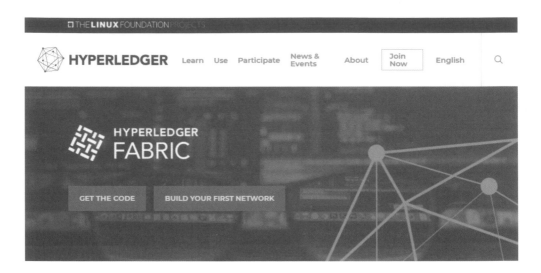

Type: Distributed ledger software

Hyperledger Fabric is intended as a foundation for developing applications or solutions with a modular architecture. Hyperledger Fabric allows components, such as consensus and membership services, to be plug-and-play. Its modular and versatile design satisfies a broad range of industry use cases. It offers a unique approach to consensus that enables performance at scale while preserving privacy.

圖 10.2　https://www.hyperledger.org/use/fabric

Hyperledger Fabric 最初是 IBM 以 Open Blockchain 名稱所開發並捐贈給 Hyperledger Project 的程式，之後作為開放原始碼繼續開發，現在已有許多導入的案例。

10.2.1 Hyperledger Fabric 的架構

Hyperledger Fabric 中，具有各種作用的節點形成網路。圖 10.3 為 Hyperledger Fabric 基本的系統架構。基本上需要構成 P2P 網路的**節點**，此外還有 **orderer** 和 **CA（憑證機構）**。

節點

Hyperledger Fabric 的節點也與過去說明的公有鏈的節點一樣，皆含有分散式帳本與智慧合約用的鏈碼。這種節點有兩種類，分別是 **Endorsement Peer**，用於進行交易的驗證而許可；以及 **Committing Peer**，用於將驗證結果寫入區塊中保存。參與的組織各自持有 Endorsement Peer 與 Committing Peer，它們和網路上的 orderer 協力運作，如圖 10.4 所示。

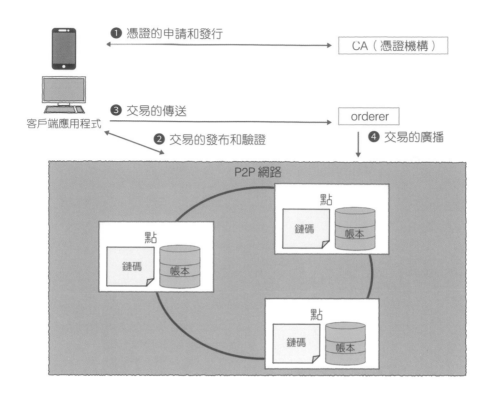

圖 10.3　Hyperledger Fabric 基本的系統組成

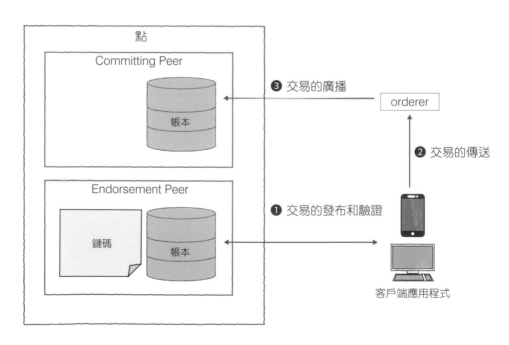

圖 10.4　Endorsement Peer 與 Committing Peer

orderer

如圖 10.4 所見，由 orderer 傳送的資料依順序排列，產生區塊。接著，將結果對區塊鏈網路進行廣播。

同時，為了不讓 orderer 成為單一失敗點（SPOF：Single Point of Failure），需作為冗餘組態確保可用性。

CA（憑證機構）

私有鏈（聯盟鏈）和公有鏈不同，參與的用戶與點（節點）必須通過認證。憑證機構負責發行認證所需的憑證與金鑰。

Hyperledger Fabric 透過 MSP（Membership Service Provider）進行用戶與節點的資訊登錄與憑證的發放（Fabric 中稱作 ECerts）。

憑證機構必須具備高可用性的條件。

通道（Channel）

公有鏈中記錄在帳本的所有資訊皆對外公開，任何人都能夠看到。但在私有鏈（聯盟鏈），特別是基於商業目的運用的區塊鏈，資訊的存取必須有適當的權限控管，決定誰可以看到或不能看到什麼樣的資訊。

Hyperledger Fabric 透過一種稱為「通道」（channel）的機制來限制帳本的共享範圍。通道就像是「區塊鏈網路中的虛擬網路」。區塊鏈帳本由許多通道組成，所以網路上存在許多的個別區塊鏈。雖然一個節點能夠參與多個通道，但是無法讀寫沒有參與的通道。

以圖 10.5 為例，A 公司與 B 公司的點雖然都能夠存取所有的通道，不過 C 公司只能存取通道 1。

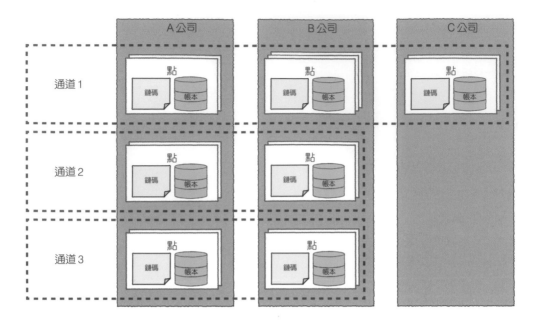

圖 10.5　通道的存取管理

10.2.2　鏈碼

Hyperledger Fabric 中，將智慧合約稱作**鏈碼**。鏈碼中有 Go、Node.js（JavaScript）、Java 等程式，能夠呼叫出 API 以使用 Hyperledger Fabric 的功能。

鏈碼安裝在所有的 Endorsement Peer 中執行，而實際上是在點的程序中分離的 docker container 內動作。位於區塊鏈網路外部的客戶端應用程式，透過傳送交易執行鏈碼便可寫入、參閱區塊鏈（分散式帳本）。

實行的流程

以下為實行鏈碼的流程。

① 打包智慧合約
② 安裝鏈碼、程式包
③ 鏈碼的許可
④ 對通道的批准
⑤ 叫出鏈碼

①打包智慧合約

將智慧合約的程式寫入工作目錄，gzip 壓縮的 tar 作為封存檔案打包。

②安裝鏈碼、程式包

鏈碼需要安裝在許可交易的所有點（Endorsement Peer）上，因此要對所有的點傳送（廣播），接收到訊息的點進行安裝。

安裝鏈碼後，由點回應程式包 ID。此程式包 ID 將用在下次鏈碼許可時。

③鏈碼的許可

鏈碼需要點（Endorsement Peer）的許可。

許可時需要的 **policy**（批准方針），是由鏈碼登錄時設定的 **Endorsement Policy** 所管理。方針的預設值內容是「需要通道成員過半數的點許可」，不過可設定任何內容。

Endorsement Peer 是由客戶端傳送交易，運用設定的 Endorsement Policy 驗證交易，將結果簽名後回應給客戶端。客戶端驗證來自 Endorsement Peer 的回應是否遵守 Endorsement Policy，若確實遵守，則將交易傳送給 orderer。

orderer 由客戶端接收交易，從交易產生區塊，傳送給所有的點。

點在確認下述事項後，寫入自己持有的區塊鏈。

・交易的內容從驗證時就沒有變更
・遵守 Endorsement Policy

④對通道的批准

當鏈碼通過 Endorsement Policy 的核可後，下一步是提交，只要在通道上獲得需要數量的許可，通過批准，就會傳送給參與通道的所有點。

⑤叫出鏈碼

若鏈碼在通道上被批准，客戶端便能夠叫出後執行。

智慧合約的升級

與以太坊等智慧合約不同，Hyperledger Fabric 中的鏈碼，即使已經登錄在頻道上，也可以更新（升級）。

鏈碼的定義含有程式碼 ID、鏈碼版本、序號等資訊，不過將鏈碼版本與序號增加一位後的鏈碼定義傳送、安裝，收到許可後，便能夠將鏈碼升級。新的鏈碼在許可過後，被通道批准的話就能夠使用。

Endorsement Policy 同樣也能夠更新，依照 Endorsement Policy 許可既有的鏈碼，該鏈碼在通道上被批准後，不用重新安裝就能夠變更。

EVM 的利用

Hyperledger Fabric 有個衍生專案，那就是 Hyperledger Project 的 Hyperledger **Burrow**。

・https://github.com/hyperledger/burrow.git

使用 Hyperledger Burrow，將 EVM 安裝在 Hyperledger Fabric，也能夠執行用 Solidity 等寫入的以太坊的智慧合約。只不過，由於 Hyperledger Fabric 與以太坊的不同，因此並非所有的智慧合約都能執行。

10.3 ‖ Hyperledger Iroha

Hyperledger Iroha 是 Hyperledger Project 中，繼 Fabric、Sawtooth 之後，第三個被批准的區塊鏈架構。

這是 Hyperledger Project 中唯一由日本新創企業 SORAMITSU 株式會社提案、開發，貢獻給 Hyperledger Project 的開放原始碼專案。

- https://www.hyperledger.org/projects/iroha
- https://iroha.readthedocs.io/en/master/

10.3.1 資料模型

與以太坊和 Hyperledger Fabric 不同，本書撰寫之際（2020 年 10 月），Hyperledger Iroha V1.1.3 並沒有提供編寫智慧合約的機制，但是它定義了一種獨特的資料模型，並提供操作這種資料模型的 API。Hyperledger Iroha 的最大特色，就是只要透過這組 API，就能輕鬆地建構安全的系統。

Column

Hyperledger Iroha 的未來

2020 年 10 月發佈的 1.2RC2 版本，實作了也用在 Hyperledger Fabric 跟 Hyperledger Burrow 的 EVM，也可以用 Solidity 編寫智慧合約。當然，在與 Hyperledger Burrow 整合之後，也可以使用 Hyperledger Iroha 提供的 API 進行轉帳、查閱餘額。其他新增功能包括整合 Hyperledger Ursa 的加密函式庫、加入 root 權限等。

圖 10.6 顯示了資料模型的摘要。在一個網域的範圍內,定義了一個稱為帳戶的結構,裡頭有名字、簽名、角色。這個網域中有許多資產(多重資產)可以使用。

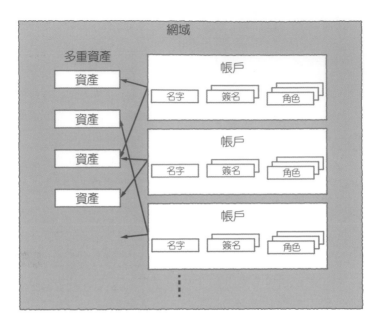

圖 10.6　Hyperledger Iroha 的資料模型

接著,來說明資料模型中的各項物件。

網域

Hyperledger Fabric 中,為了限制區塊鏈帳本的存取權限,用到通道的結構。

而 Hyperledger Iroha,在區塊鏈中透過將處理的物件從網域即論理性的領域分開,將 P2P 網路分割成好幾個領域,能夠管理是否可以存取每一塊領域。

你可以在 Hyperledger Iroha 的 P2P 網路中設定多數個網域,而且能夠在各個網域中設定多個資產與帳戶,如圖 10.6 所示。

資產

資產（asset）的意思是財產、資源、有價值物品這種「有價值、用處的東西」。若為加密資產則意指貨幣，若為積分系統則是指積分，是在區塊鏈上記錄、維持有價資產相關的資訊和交易記錄的構造。

Hyperledger Iroha 中的資產，除了數量（餘額）也能夠設定以下項目。

- ・名稱：文字串
- ・屬性：小數點以下的位數

而且在轉帳資產時，也能夠附上最多 64 個字元（在版本 1.2 以後，字數可自訂）的說明（Description）。另外，網域內可能設定多個資產，稱為**多重資產**，如圖 10.6 所示，各個帳戶能夠參閱不同的資產。

帳戶

網域中使用資產的「人」，就是帳戶。帳戶持有名稱、公開金鑰、權限。

帳戶的名稱在網域中是唯一的存在，不會重複。在 Hyperledger Iroha 中，資產與帳戶一定屬於某個網域。因此，實際上會寫成 < 帳戶名稱 >@< 網域名稱 > 或 < 資產名稱 >#< 網域名稱 >。像這種「屬於某個網域的帳戶、資產」稱作**帳戶 ID**、**資產 ID**。

由於帳戶 ID 和資產 ID 包含網域名稱，因此只要網域不同，帳戶名稱或資產名稱也會成為不同的 ID。例如 A 網域的帳戶 alice，與 B 網域的 alice 帳戶，各以 alice@A 和 alice@B 表示，是不同的 ID。

公開金鑰是用來簽名的。一個帳戶能夠持有多個公開金鑰，也可以持有多個簽名（多重簽名）。Hyperledger Iroha 可以設定「處理交易時，需要收集到規定數量（Quorum）的簽名」這樣的限制，以強化安全性。也能滿足「重要的交易不可以單獨處理，必須收集多重簽名之後才能執行」的要求。

內容顯示帳戶持有的權限資訊。

帳戶具有交易與查詢的對應權限，如果沒有權限，便無法執行交易或查詢。因此，Hyperledger Iroha 與比特幣和以太坊等公有鏈不同，並非對外公開所有資訊，只有獲得授權的人可以存取資訊或是執行交易。因為有這項機制，所以 Hyperledger Iroha 可以應用於商業活動。

不過，所有的交易操作和查詢操作都有對應的權限，種類繁多，因此帳戶內設定成可整合權限的角色（**role**）。在創世區塊等設定設定應對各個角色的權限，帳戶因應權限而設定、追加角色。

Column

RBAC

這種使用角色的權限管理，就叫做 **RBAC**（Role Based Access Control）。

同時，藉由設定適合的權限，變得能夠增減（一般只有管理者帳戶）資產的餘額。由於有這種功能，Hyperledger Iroha 與 PoW 的區塊鏈不同，不需要進行挖礦。

10.3.2 多重資產與多重網域

在 Hyperledger Iroha 中，能夠設定多個 P2P 網路內的網域（**多重網域**。圖 10.7）。
使用多重資產與多重網域，能夠降低網路建設的負擔，進而降低成本。

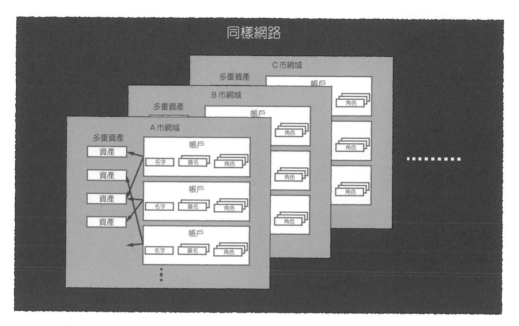

圖 10.7　多重資產與多重網域

用 API 進行加密資產決算的例子

運用 Hyperledger Iroha 的 API，你可以輕鬆為加密資產進行結算（圖 10.8 左側）。

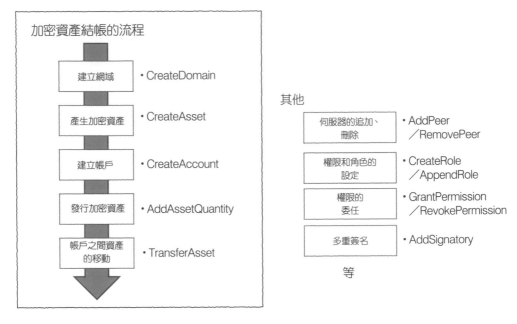

圖 10.8　Hyperledger Iroha 的代表性 API

各自進行下述的操作。

① 建立網域：例如「區域貨幣」等，運用加密資產設定領域

② 產生加密資產：設定實際使用的加密資產

③ 建立帳戶：設定運用其加密資產的管理者用戶的帳戶

④ 發行加密資產：設定使用加密資產的發行量。不需要像比特幣一樣進行挖礦，任意數量都可以發行

⑤ 移動加密資產：在用戶之間轉移加密資產，當作轉帳處理

其他能夠用 Hyperledger Iroha 處理的 API 代表範例如圖 10.8 右側所示。如前所述，這些操作都因應持有帳戶的角色（及權限）而獲得許可。

10.3.4　Hyperledger Iroha 的使用案例

Hyperledger Iroha 作為區塊鏈系統已經在許多領域上實用化，接著介紹其中幾個代表性的專案。

柬埔寨中央銀行數位貨幣

柬埔寨國立銀行（NBC）與 SORAMITSU 株式會社合作，使用 Hyperledger Iroha 開發出中央銀行數位貨幣（CBDC：參考第 11 章）「巴孔幣」，並於 2019 年 7 月完成開發，開始測試運用，在 14 間柬埔寨銀行的參與下，有超過 1 萬名使用者使用它進行轉帳和購物支付。

· https://www.nbc.org.kh/download_files/research_papers/khmer/NBC_BAKONG_White_Paper.pdf

日本第一個正式運用的數位貨幣

2020 年 7 月 1 日開始，在會津大學（福島縣會津若松市）正式啟用日本第一個運用區塊鏈技術的代幣式數位區域貨幣「白虎幣（Byacco）」。使用這種貨幣，便可以在會津大學的學生餐廳及商店內，用行動裝置進行付款及用戶之間的轉帳。

白虎幣的特色，在於它是一種能夠在個人、企業及企業內部轉移價值的代幣型數位貨幣（目前白虎幣只能在會津大學內部使用）。

現在受到廣泛使用的無現金式（cashless）帳戶類型，結帳本身其實是「債權、債務的移動」，實際上將金錢轉帳至帳戶中需要花費一個月左右。但如果是代幣型的數位貨幣，代幣本身與現金具有同樣的價值。因此，若轉帳代幣型的數位貨幣，在轉帳之際就已經完成結帳了。也就是說，收到數位貨幣的商店，不需要等待現金匯入帳戶內，馬上就可以用這筆錢進行採購。

而在將來，也計畫串連多個電子區域貨幣「彼此通用」，就像交通儲值卡的西瓜（Suica）卡與 PASMO 能夠彼此通用，未來日本的數位貨幣也有相互通用的可能性。

分散式電子證券受託

莫斯科證交所已經開始嘗試導入 HyperLedger Iroha。利用它來進行虛擬貨幣與其他數位資產的結算、儲存、管理。這種作法實現了比特幣與 HyperLedger Iroha、以太坊與 HyperLedger Iroha 之間的雙向直接交換（原子交換），達到了 DVP 保障。

 Column

DVP

DVP（Delivery Versus Payments，款券同步收付），指將證券的交易與代金的支付設成相互條件，若其中一項沒有執行，也無法執行另一項。

第 11 章

區塊鏈的未來

這幾年區塊鏈備受關注，它的歷史才剛剛開始。不過現在區塊鏈所處的狀況，與網際網路的歷史有許多相似之處。在本章將回顧網際網路的歷史，並一探究竟區塊鏈邁向的未來。

11.1 網際網路的發展與比較

網際網路的前身是美國的大學和企業之間相連的網路 ARPANET。這種網路是透過 telnet 作電腦的遠端操作，利用電子郵件讓身處異地的人互相聯絡，透過 FTP 作檔案的傳送和接收等，主要可透過文字資料進行通訊（圖 11.1）。

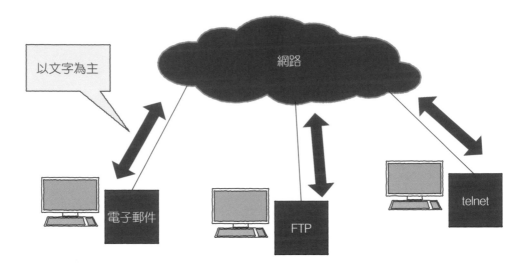

圖 11.1　初期的網路

這種網路的特性之一便是利用 TCP/IP，即使網路發生異常，也能自動搜尋路徑（route）避開異常的架構。架構設計的初衷是用於軍事方面，即使設施遭受破壞也能夠通訊，不會斷絕聯絡。

這個階段已設計並實現了目前網際網路的各種不同功能。例如，為了識別網路上的電腦，起初用 hosts 檔案連結電腦名稱與 IP 地址，之後設計出 DNS（Domain Name System），使用戶在使用上變得更加便利。關於網路的連接方式，一開始是用數據機，透過電話線連接上網，之後開始運用乙太網路，連線變得更加穩定且快速。

ARPANET 和之後發展的 NFSnet 一開始限制用在學術研究等領域，不過 1989 年在美國正式提供商用服務，1991 年多個商用服務彼此互相連接，接著發展為連結全美國網路，成為今天網際網路的基礎。相傳網際網路一詞源自於「網路的 inter communication（互相通訊）」，便是與這段歷史背景息息相關。

而日本的大學和企業自 1980 年代後半期開始參與建構網路，起初也運用了電話線，且僅限一部分大學和企業使用，並非所有人都能夠使用。而商用服務則始於 1992 年，其後有越來越多廠商提供商用服務，使得網際網路的使用越來越便利。

下一個轉折點出現在 1995 年。這一年推出的 Windows 95，是第一個支援 TCP/IP 網際網路技術的家用作業系統，這使得網際網路變得更加普及。自此之後，人人都可以上網，連線的方式也有了重大的演變，從「電話線 + 數據機」變成光纖或有線電視纜線。到了現在，正如大家所熟悉的，不只是有線連接，透過 Wi-Fi 的無線上網也越來越普遍。

如前所述，網際網路上可使用的服務，一開始只有 telnet、FTP、電子郵件等，只能處理文字資料。不過，在 World Wide Web（WWW）問世以後，開始能夠處理圖片、聲音、影片等資料。就這樣，能夠透過網路處理的事情越來越多，現在日常生活中的大部分事情都能夠透過網路處理，網路逐漸成為我們生活中的一部分。

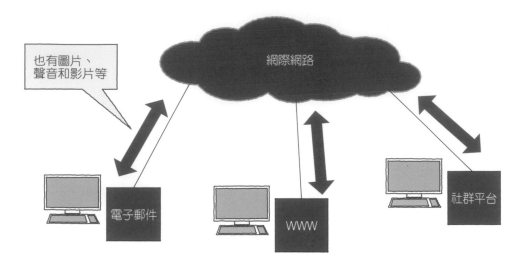

圖 11.2　現在的網際網路

在日常生活中，網路不只可以用來瀏覽網站，也能用來進行一些金融服務、購物、辦理一些與公務機關相關的行政手續、發送電子郵件處理公事、觀看新聞、電影、欣賞音樂等等，當然還可以透過社群工具進行人與人之間的連結，各種用途不勝枚舉（圖 11.2）。至此，網際網路已經成為實質意義上的基礎設施與生態系統了。

區塊鏈邁向的未來與網際網路的發展十分相似。回顧網際網路的發展歷史，可以歸納出以下三個重點：

　①原本只屬於一部分用戶和組織的程式，之後變成有許多人都在運用的生態系
　②原本的功能單一，但會逐漸演變出越來越多的功能
　③透過提供各式各樣的功能，可運用範圍擴大，甚至變成生活中的一部分

這三個重點同樣適用於區塊鏈。①的發展順理成章；關於②，不只是虛擬貨幣，未來分散式帳本會有越來越多的應用；關於③，虛擬貨幣未來的使用一定會越來越廣泛。

區塊鏈問世至今，只過了幾年的時間，經過了許多的嘗試，這個喜統的使用範圍逐步擴大。儘管它在許多方面不像網際網路那樣標準化，仍在起步階段，但網際網路至今的發展已經式累積 50 多年歷史的結果。區塊鏈跟網際網路一樣，將會繼續汲取經驗不斷進步，未來，它一定會成為人們生活中的一部分（圖 11.3）。

區塊鏈

・本人確認

・醫療、健康

・支付、結帳

・證券交易

・保險契約

・供應鏈

・電力交易

・流動性

・智慧城市

・其他

・金融貿易　・可追溯性

圖 11.3　區塊鏈的廣泛運用

本書的解說重點主要是比特幣和以太坊等知名且受到廣泛使用的區塊鏈。不過，現在區塊鏈有非常多種類型，光是虛擬貨幣就超過 3000 種。

區塊鏈和網際網路一樣，重點在於「互相通訊」。區塊鏈的互相通訊，也就是多數存在的區塊鏈逐漸「相互連結」。每個區塊鏈不會互相排斥，而是活用各自的優點，互相連結，彼此持續相互利用。像這樣廣泛分布在全世界的區塊鏈相互連接而創造出的世界就叫作**跨帳本協議**，這是分散式帳本（協定）的區塊鏈相互連接的世界（圖 11.4）。

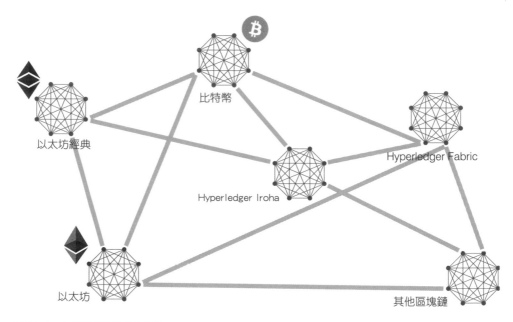

圖 11.4　區塊鏈的相互連接

雖然每種區塊鏈擁有不同的特性，不過與自然界一樣，發展途中必定會自然淘汰。現階段即使每種鏈都有不同的規格，隨著相互連結而構成跨帳本協議，也已經確立一定程度的方向性。

從使用者的角度來看，目前區塊鏈的種類繁多，必須比較不同鏈之間的優點找出適合的，這個繁瑣的過程的確是很大的負擔。

因此，可以預期區塊鏈日後會自然而然地以「更好的方式」融合。不過，在這個過程，絕對不是互相排斥、排擠或攻擊對方，而是透過彼此的溝通，朝向共存共榮的世界邁進。區塊鏈彼此連接，交換資料，成為共存共榮的狀態正是跨帳本協定（InterLedger Protocol）。

當然，要實現這一點，要克服的不只是技術性的難題。最重要的挑戰是法律問題，像是與虛擬貨幣相關的法規，如何保障個人資訊安全等等的法律問題。區塊鏈的發展，除了技術專家之外，還需要許多不同領域的專家互相合作。

11.3 ║ Trusted Internet

如到目前為止所見，區塊鏈可以提供「有價值的資訊」與「維持信任性」，而實現這種情況的就是 **Trusted Internet**。

前面提到過跨帳本協定，只要跨帳本協定得以實現，區塊鏈之間就能彼此互連，交換可靠的資料，應該也可以存取分散式帳本，即時分享資訊。相較於傳統網路是「能夠互相交換資訊的世界」，Trusted Internet 則是「區塊鏈互相連接，可以交換可信資料的世界」。當然，前提是跨帳本協定得以實現，才能達成區塊鏈的互連。

網際網路作為通訊工具，將「能夠連接」視為首要之務，一路演進至今，全世界都能夠使用，任何人都能獲得大量的資訊。而且除了接收資訊之外，由個人發布資訊，對許多人帶來影響也成為可能。在網際網路上可以組織團體、成立社團或參與社群，與其他人進行交流。

然而，任何人都能夠自由參與網際網路未必全帶來好的結果，散布假資訊、匿名批評或毀謗他人的情況層出不窮。

如果能夠導入區塊鏈這種「無法隨意變更、竄改內容」的機制，網路上流通的訊息，可信度將大幅地提升，因為訊息的撰寫有作者的私鑰簽署，無從竄改。

當然，這種做法也有問題。由於需要與私鑰連結，可能就因此失去了目前網路的自由度。所以，Trusted Internet 不會完全取代現有的網際網路，可能只限定運用在「必須提供正確的資訊」的特定領域，如政府機關或公司的訊息發布。即使如此，導入區塊鏈技術後所帶來的可信度提升，應該能夠帶來龐大的好處。

未來除了前面提到的例子之外，因為目前的網際網路技術限制而「無法安心提供服務」的領域，也將是 Trusted Internet 大展身手的地方。當然，它不會取代目前的網際網路，而是應用在對於訊息正確度有高度要求的領域。

雖然現在還在起步階段，但區塊鏈每天都在持續改良和發展，在幾年或幾十年後，全世界的區塊鏈將成為跨帳本協定互相連接，形成 Trusted Internet（圖 11.5）。而 Trusted Internet 將深入我們世界的各個角落，支撐我們的生活。

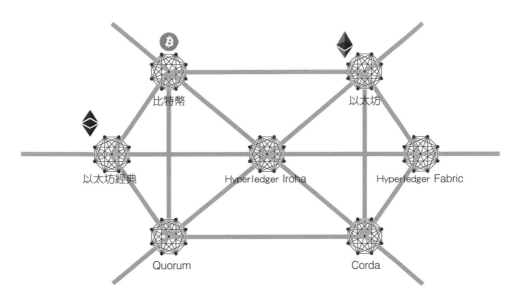

圖 11.5　Trusted Internet

11.4 ║ Cosmos 與 Polkadot

前面已經介紹過跨帳本協定的作用。不過,光是區塊鏈彼此互連,還是無法互動。為了讓互連的區塊鏈得以互動,目前有一些專案正在進行中。

本節將簡單介紹其中特別知名的專案,**Cosmos** 與 **Polkadot**。雖然目前這些專案都是各自獨立的,但如果未來這些鏈能彼此相連,例如連接 Cosmos 的區塊鏈可以與連接 Polkadot 的區塊鏈互相交流互動的話,那麼全世界的區塊鏈彼此互連將不再是夢想。

11.4.1 Cosmos

Cosmos 是美國 Tendermint 公司所開發的專案,目標是讓不同的區塊鏈可以相互連接,進行互動。2020 年 5 月主網正式啟用。

・https://cosmos.network/

正如官方網站「Internet of Blockchains」上頭的宣示,Cosmos 的目的是多種區塊鏈之間的相互運用,除了金融系統外,尚有遊戲、健康管理、跨國轉帳、不動產等各種不同領域。提供 Cosmos SDK(Go 言語)框架,能夠應對任何一種區塊鏈(就算是自行架設的也可以)。

Cosmos 由一個叫做 Hub 的區塊鏈,以及與 Hub 相連,名為 Zone 的區塊鏈(圖 11.6)構成。Cosmos 本身使用的共識演算法為 PoS,使用的代幣叫做 Atom。

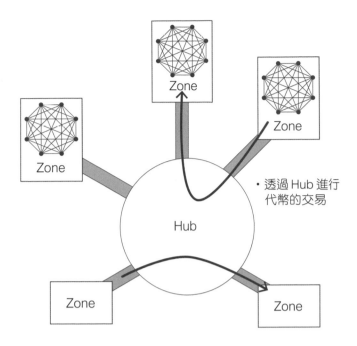

・透過 Hub 進行
代幣的交易

圖 11.6　Hub 與 Zone

Hub 管理 Zone 之間的代幣交易，這種區塊鏈也擁有防止雙重支付的作用。最先發行的 **Cosmos Hub**，是運用 PoS 的公有鏈。

Zone 雖然是各自獨立的區塊鏈，卻可以藉由 Hub 讓 Zone 彼此之間進行代幣的交易，像這種連接不同區塊鏈而相互傳送代幣，名為 IBC（Inter-Blockchain Communication protocol）的協定，同樣也是 Cosmos 專案定義的。

當比特幣或以太坊（使用 PoW）這類的區塊鏈連接 Comos 時，會使用一個特殊的 Zone，名為 Peg Zone（圖 11.7）。Peg Zone 能夠追溯其他區塊鏈的狀態，處理速度快且具有清算功能。

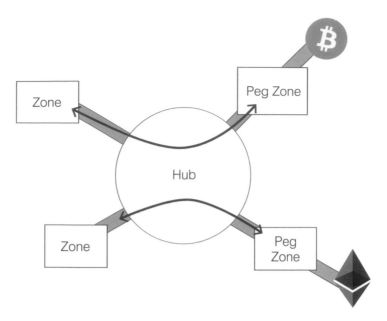

圖 11.7　Peg Zone

11.4.2　Polkadot

Polkadot 是由以太坊原本的開發者發起的專案，與 Cosmos 同樣都是為了實現「不同區塊鏈之間的互相運用」的技術。主網在 2019 年 3 月啟動，時間比 Cosmos 還早，與 Cosmos 同樣在開發上提供 Subtrate（使用 Rust、WebAssembly 語言）框架，可對應不同的區塊鏈。

Polkadot 雖然也用 PoS 形成共識，本金用 DOT 代幣執行。此外，雖然 Cosmos 中在區塊鏈之間傳輸的資料只有代幣，不過在 Polkadot 可進行不同種類資料的傳輸。

Polkadot 中，中央有區塊鏈的中繼鏈（reley chain），可達成如 Cosmos 的 Hub 的功能。中繼鏈中有名為平行鏈（parachain）的鏈連接，在既有區塊的比特幣和以太坊的主網中，能夠透過當作橋的平行鏈連接（圖 11.8）。

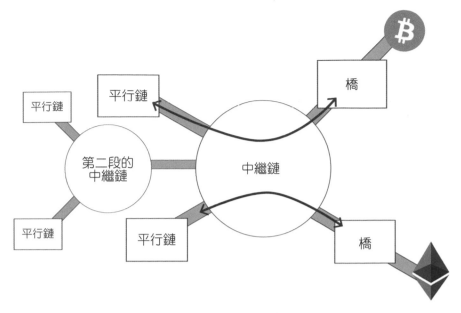

圖 11.8　中繼鏈、平行鏈和橋

此外，中繼鏈也可連接更多的中繼鏈，成為多重結構。

11.5 ‖ 中央銀行數位貨幣（CBDC）

與區塊鏈相關的發展不只發生在網路上，在現實世界中也是如此。2020 年 6 月 22 日，日本銀行發表了一份題為「中央銀行デジタル通貨に関する法律問題研究会」（中央銀行數位貨幣相關問題研究）的報告。

- https://www.boj.or.jp/announcements/release_2019/rel190927b.htm/

該行在報告中指出，「（本報告）主要在探討發行 CBDC（中央銀行數位貨幣）的可行性。探討在日本發行 CBDC 的相關法律問題，像是私法方面的問題、日本銀行法方面的問題、個資取得的法律問題和刑法方面的問題，同時也考慮到行政法、競爭法等等。」報告中指出。不僅是國外，在日本當地，與開發／使用**中央銀行數位貨幣**（CBDC：Central Bank Digital Currency）相關的討論越來越熱烈，這是一種不同於現有紙幣的新形式電子貨幣。

這表示日元也需要重視數位貨幣的潮流，以因應 Facebook 的 Libra 計畫開始的加密資產活動，以及中國積極推動數位人民幣的動作。

11.5.1 CBDC 的相關資料

在 2020 年 7 月 2 日發表的報告「中銀デジタル通貨が現金同等の機能を持つための技術的課題」（中央銀行數位貨幣作為現金等價物運作的技術挑戰），提供了更具體的說明。

- https://www.boj.or.jp/research/brp/psr/psrb200702.htm/

報告中指出：「數位貨幣的技術發展快速，這份報告旨在對中央銀行數位貨幣的技術進行初步研究」，這份報告認為，要讓數位貨幣與現金有同樣的功能，需要的條件有：

- 應該是一種隨時隨地都能安全、可靠地使用的支付方式（普遍使用。圖 11.9）
- 即使停電、網路斷線也必須能夠使用（圖 11.10）

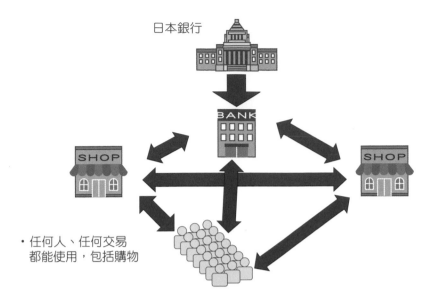

日本銀行

・任何人、任何交易
　都能使用，包括購物

圖 11.9　普遍使用

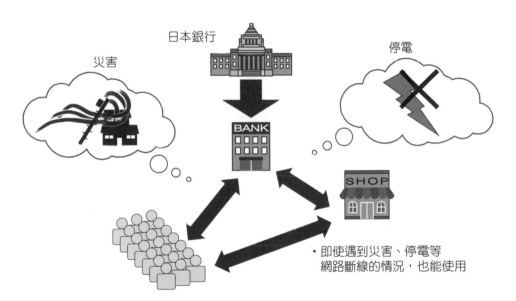

日本銀行

災害

停電

・即使遇到災害、停電等
　網路斷線的情況，也能使用

圖 11.10　韌性

2020 年 10 月 9 日，日本銀行進一步公開「中央銀行數位貨幣」，如果想要瞭解 CBDC 的動向，可以關注這個網站：

・https://www.boj.or.jp/paym/digital/index.htm/

儘管當天發布的文件有「現階段雖然沒有發行 CBDC 的計畫」這樣的但書，但還是揭露積極考慮 CBDC 的細節。

具體來說，中央銀行在考慮發行 CBDC 之前，有以下的三大原則：

① 中央銀行不會因為發行 CBDC 而損害物價及金融系統的穩定
② CBDC 必須與其他現有的貨幣並存
③ CBDC 將促進創新和效率

Column

關於 CBDC 未來的工作

而在另一份資料中，提到以下兩點未來的工作。

・ 日後將不僅限於過去以研究為主的探討，而是進行實際的示範實驗，進行更加具體、實務性的研究
・ 進行示範實驗的同時，也會針對發行 CBDC 應該考慮的重點，深入探討制度的設計與示範實驗並行，基於 CBDC 的發行應該考量的要點等，深入探討制度的設計，與相關人士的合作也很重要

 CBDC 的發行型態

那麼，CBDC 將以何種形式發行呢？

CBDC 將以「間接」的形式發行，也就是由身為中央銀行的日本銀行發行，交給仲介機構的銀行之後，再交給使用者即用戶和企業，成為可利用的發行型態（圖11.11）。從這個流程來看，銀行就如同傳統的金融方式對用戶和企業提供服務，以確保收益。

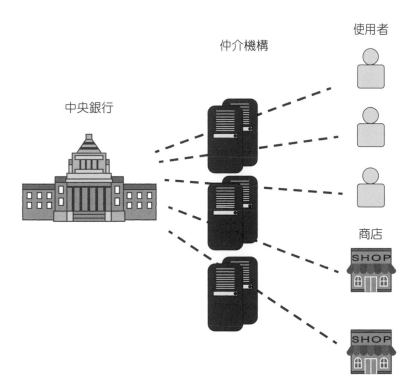

圖 11.11 「間接型」的發行型態

CBDC 的示範實驗從 2021 年開始逐步展開，成為我們日常生活一部份的日子也越來越接近了。

CBDC 的結帳型態，分為「帳戶型」與「代幣型」兩種。

帳戶型類似現在的「無現金交易」，為債權債務的轉移。因此，經過一段時間後，結帳的金額才會從債務人的戶頭轉入債權人的戶頭。也就是說，債權人在收到支付訊息之後不會立即得到現金，款項會在日後轉帳（圖 11.12）。

上述這種方式需要經過兩道手續，一般店家可能需要等一個月左右才能實際收到款項，漫長的轉帳時間，可能會造成店家的現金周轉困難，而且支付經過多個業者的系統，也有成本增加的缺點。

代幣型的結帳型態（圖 11.13）可以解決上述的問題。CBDC 本身就相當於現金，支付之後，店家立即就能當作現金運用。

代幣也能夠透過手機或信用卡隨身攜帶。店家收到之後就能立刻當作現金使用，可將代幣用在進貨的付款上。而且與戶頭型相比，結帳系統大幅簡化，成本大幅降低。

在日本銀行公開的資料中，同時帳戶型與代幣型，目前並未決定使用哪一種，但可以期待在不久後的將來，如果能夠使用代幣型 CBDC 的日子來臨，將會是一個比無現金式支付更加便利的社會。

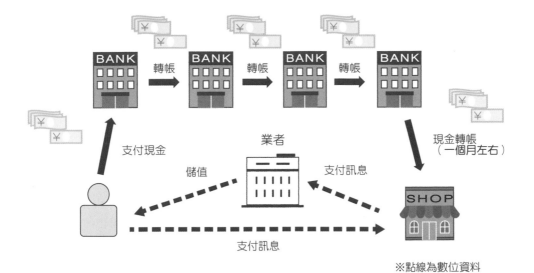

圖 11.12　戶頭型

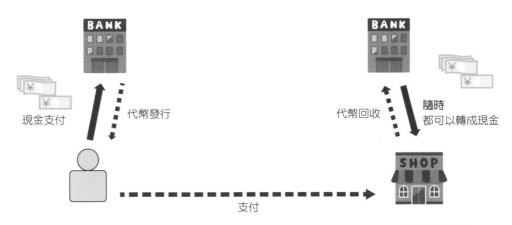

圖 11.13　代幣型

參考文獻

書籍

- 《ビットコインとブロックチェーン：暗号通貨を支える技術》（Andreas M. Antonopoulos 著、今井 崇也／鳩貝 淳一郎 譯、NTT 出版、ISBN：978-4-7571-0367-2）
  一如原文書名提到的「Mastering」，此書可學習到比特幣的歷史到架構。

- 《マスタリング・イーサリアム ―スマートコントラクトと DApp の構築》（Andreas M.Antonopoulos ／ Gavin Wood 著、宇野 雅晴／鳩貝 淳一郎 監修・翻譯、中城 元臣／落合 涉悟 監修、オライリー・ジャパン 出版、ISBN：978-4-87311-896-3）
  能夠在此書深入學習以太坊與智慧合約。

- 《暗号技術のすべて》（IPUSIRON 著、翔泳社 出版、ISBN：978-4-7981-4881-6）
  《ハッカーの学校 鍵開けの教科書》的作者講解從現代密碼的基礎與攻擊手段，到實地架設安全系統的知識。

- 《暗号理論と楕円曲線》（辻井 重男／笠原 正雄 著・編輯、森北出版、ISBN：978-4-627-84751-4）
  本書提到數學性證明的密碼理論，尤其寫到橢圓曲線密碼。

- 《現代暗号の誕生と発展：ポスト量子暗号・仮想通貨・新しい暗号》（岡本 龍明 著、近代科学社 出版、ISBN：978-4-7649-0579-5）
  本書介紹現代密碼，以及比特幣的密碼技術到 post quantum cryptography 的內容。

- 《ブロックチェーン 仕組みと理論 増補改訂版》（赤羽 喜治／愛敬 真生 編著、リックテレコム 出版、ISBN：978-4-86594-163-0）
  透過基礎篇、理論篇介紹何謂區塊鏈，在實踐篇也介紹六種區塊鏈和啟動範例的方法。

- 《~ ブロックチェーンの革新技術 ~Hyperledger Fabric によるアプリケーション開発》（清水 智則 ほか 著、早川 勝 監修、リックテレコム 出版、ISBN：978-4-86594-146-3）
  介紹 Hyperledger Fabric，也詳細提到實際的啟動方法。

- 《現金の呪い――紙幣をいつ廃止するか？》（Kenneth S. Rogoff 著、村井 章子 譯、日経 BP マーケティング 出版、ISBN：978-4-8222-5507-7）
  關於中央銀行數位貨幣，讓人深思持有現金，尤其是紙幣的意義。

線上資源

- **Bitcoin: A Peer-to-Peer Electronic Cash System　Satoshi Nakamoto**
  https://bitcoin.org/bitcoin.pdf

- **比特幣：P2P 電子貨幣系統 Satoshi Nakamoto**
  https://bitcoin.org/files/bitcoin-paper/bitcoin_jp.pdf

- **Bitcoin Explorer**
  https://www.blockchain.com/ja/explorer

- **TLS 加密設定指南 Ver 3.0.1**
  https://www.cryptrec.go.jp/report/cryptrec-gl-3001-3.0.1.pdf

- **FIPS PUB 197 Advanced Encryption Standard (AES)**
  https://nvlpubs.nist.gov/nistpubs/FIPS/NIST.FIPS.197.pdf

- **A Method for Obtaining Digital Signatures and Public-Key Cryptosystems**
  https://people.csail.mit.edu/rivest/Rsapaper.pdf

- **The Byzantine Generals Problem Leslie Lamport, Robert Shostak, Marshall Pease**
  https://dl.acm.org/doi/10.1145/357172.357176

- **Practical Byzantine Fault Tolerance**
  http://pmg.csail.mit.edu/papers/osdi99.pdf

- **The Idea of Smart Contracts**
  http://web.archive.org/web/20140406003401/szabo.best.vwh.net/idea.html

- **ISO/TC307 Blockchain and distributed ledger technologies**
  https://www.iso.org/committee/6266604.html

- **ISO/TR 23455:2019**
  https://www.iso.org/standard/75624.html

- **Bitcoin Core**
  https://bitcoincore.org/

- **Geth Documentation**
  https://geth.ethereum.org/docs/

- **Solidity 文件**
  https://solidity.readthedocs.io/en/latest/index.html

- **Hyperledger Project**
  https://www.hyperledger.org/

- **Hyperledger Fabric**
  https://www.hyperledger.org/use/fabric

- **Hyperledger Iroha**
  https://www.hyperledger.org/use/iroha

- **日本中央銀行數位資產**
  https://www.boj.or.jp/paym/digital/index.htm/

INDEX

索引

索引

圖解區塊鏈的工作原理與機制

作　　　者：米津武至
裝訂＆文字設計：NONdesign 小島敏信
裝訂插圖：山下以登
編　　　輯：山本智史
譯　　　者：黃品玟
企劃編輯：莊吳行世
文字編輯：王雅雯
設計裝幀：張寶莉
發 行 人：廖文良

發 行 所：碁峰資訊股份有限公司
地　　　址：台北市南港區三重路 66 號 7 樓之 6
電　　　話：(02)2788-2408
傳　　　真：(02)8192-4433
網　　　站：www.gotop.com.tw
書　　　號：ACD021600
版　　　次：2022 年 05 月初版
建議售價：NT$480

國家圖書館出版品預行編目資料

圖解區塊鏈的工作原理與機制 / 米津武至原著；黃品玟譯. -- 初
　　版. -- 臺北市：碁峰資訊, 2022.05
　　　面；　　公分
　　　ISBN 978-626-324-119-0(平裝)
　　1.CST：金融自動化　2.CST：資訊科技　3.CST：技術發展
561.029　　　　　　　　　　　　　　　　　　111002553

讀者服務

- 感謝您購買碁峰圖書，如果您對本書的內容或表達上有不清楚的地方或其他建議，請至碁峰網站：「聯絡我們」\「圖書問題」留下您所購買之書籍及問題。(請註明購買書籍之書號及書名，以及問題頁數，以便能儘快為您處理)
http://www.gotop.com.tw

- 售後服務僅限書籍本身內容，若是軟、硬體問題，請您直接與軟體廠商聯絡。

- 若於購買書籍後發現有破損、缺頁、裝訂錯誤之問題，請直接將書寄回更換，並註明您的姓名、連絡電話及地址，將有專人與您連絡補寄商品。